PER UNA SOLIDARIETÀ CHE SI FA STORIA

Contributi per l'approfondimento culturale

INDICE

Introduzione *Pag. 3*

1. La comunicazione catechistica all'interno di un gruppo di catechesi
Giuseppe Morante *Pag. 4*

2. Le opere di misericordia
Franco Peradotto *Pag. 11*

3. La solidarietà nelle comunità cristiane segno della comunione ecclesiale
Stella Morra *Pag. 17*

4. L'AC e la pastorale: la collaborazione con gli organismi pastorali
Gabriele Milani *Pag. 22*

5. Contenuti dell'educazione alla solidarietà: l'apporto della dottrina sociale della Chiesa
Mario Toso *Pag. 30*

6. L'impegno sociale e politico dei credenti
Giuseppe Acocella *Pag. 49*

7. Valori e caratteristiche del volontariato oggi
Luciano Tavazza *Pag. 52*

Grafica e impaginazione al Mac in Quark XPress:
Roberto Sivilia

Pellicole e stampa:
Artigrafiche De Angelis S.r.l. Via G. F. Ingrassia, 31 - 00152 Roma (giugno 1994)

Questo testo è stato realizzato completamente con le risorse della Presidenza nazionale dell'Azione Cattolica Italiana: i testi sono stati composti al Mac direttamente dai redattori della Segreteria del Settore Adulti.

Il software è stato utilizzato su licenza dei produttori:
Aldus FreeHand, lic. 04 2004-100103432; Quark XPress, lic. XF 83245860

Per comunicazioni o richieste: Azione Cattolica Italiana, Settore Adulti, Via della Conciliazione, 1 - 00193 Roma - tel. 06/6868751 - fax 6880208

ISBN 88-8065-015-7

INTRODUZIONE

Il cammino formativo proposto per il 1994-1995 ai gruppi adulti di AC - in immediata sintonia con il tema annuale dell'Associazione - chiama in modo stringente a un costante e serio esercizio di responsabilità nell'approfondimento delle ragioni della fede e del nostro modo di essere fedeli laici adulti e maturi per il nostro tempo.

Forse nessun tema come quello della solidarietà ci rinvia alle radici della nostra fede in un Dio che - nel mistero dell'Incarnazione - s'è fatto intimamente e indissolubilmente solidale con l'uomo e con la sua condizione.

Questa solidarietà esige, come risposta, la solidarietà di ciascun credente nel Dio di Gesù Cristo per i propri fratelli, quotidianamente incontrati su tutte le numerose e intricate «vie di Gerico» contemporanee.

La condivisione, la comunicazione, la partecipazione - categorie genetiche e costitutive di una solidarietà incarnata nei «moderni areopaghi» di questo estremo scorcio di millennio - ci obbligano, inoltre, a una permanente e avvertita educazione al discernimento.

Negli ultimi anni avevamo accompagnato il testo formativo con un fascicolo di note metodologiche, che restano, peraltro, sempre utilizzabili.

Quest'anno s'è invece scelto di offrire - nelle pagine che seguono - una serie di contributi, dovuti ad autorevoli amici: questi «materiali» - senza un esplicito filo conduttore - sono tuttavia «unificati» dalla comune correlazione al tema della solidarietà, agli ambiti in cui essa si esercita, ai giudizi che è in grado di ispirare, agli atteggiamenti e agli stili che determina.

Dopo un intervento di «inquadramento» sulla comunicazione all'interno di un gruppo di catechesi - utilizzabile in funzione di una sempre migliore qualità degli itinerari formativi che gli adulti di AC devono percorrere -, abbiamo raccolto dei testi che possano sussidiare le comuni esigenze di approfondimento e di riflessione.

Li proponiamo nella certezza che servano ad agevolare l'impegno per una formazione meglio definita nelle sue caratteristiche di globalità e di laicità, chiamata a sostenere una fede sempre più adulta, incarnata, matura, pensante.

LA COMUNICAZIONE CATECHISTICA ALL'INTERNO DI UN GRUPPO DI CATECHESI

Relazione tra «metodo» e «messaggio»

Dalla mia esperienza rilevo che normalmente i nostri catechisti sono preoccupati non tanto della conoscenza dei contenuti da trasmettere (perché possono fare riferimento a molte fonti ...) ma del modo in cui trasmettere i contenuti del messaggio cristiano per incidere nella vita di fede dei credenti.

Mi preme perciò precisare subito un principio: nella catechesi i due termini (messaggio e metodo) non si possono separare, perché sono in relazione interdipendente tra di loro; e questo soprattutto per motivi intrinseci allo stesso messaggio.

Il catechista che si trovi ad animare un gruppo di adulti deve premunirsi perciò di alcune convinzioni e verificare nella sua prassi una serie di principi biblico-teologici e pastorali.

La catechesi è una parola di Dio comunicata all'uomo in una certa situazione. Il catechista perciò si preoccupa contemporaneamente di conoscere sia il rapporto tra parola e messaggio che quello tra parola e metodo; lo può fare riflettendo sul modo di realizzarsi della rivelazione nella storia e sul modo in cui si organizza la comunicazione umana.

Abbozziamo perciò una riflessione che ci costringa a verificare la nostra prassi catechistica, a partire dalla scoperta dei *tratti fondamentali del significato della Parola.*

1. La catechesi è «Parola» di Dio

Il primo nucleo della nostra riflessione catechistica ci porta a confrontarci sul termine «Parola di Dio»: è da intendersi come il linguaggio globale di cui Dio si serve nel comunicare il suo piano di salvezza per l'uomo. Ne evidenziamo tre caratteristiche:

il termine «Parola» rivela e descrive subito, a prima vista, la dimensione interpersonale della rivelazione: «Piacque a Dio nella sua bontà e sapienza rivelarsi in persona (...) agli uomini per invitarli e ammetterli alla comunione con sé» (DV 2).

Se «entrare in comunione con Dio» è il contenuto del messaggio rivelato, sarà necessario scoprire anche come ha fatto Dio a stabilire questa «relazione», quale procedimento ha usato per far cogliere il rapporto tra messaggio e comunicazione (Parola = messaggio e modo in cui è stato comunicato).

Lo studio di questa modalità rivelata richiede un procedimento catechistico che realizzi un dialogo relazionale che va da persona a persona e che intenda la rivelazione di Dio come comunicazione tra persone; un dialogo che aiuti ad interpretare la rivelazione come «parola» che rivela l'identità di Dio che vuole parlare agli uomini come ad amici.

• Il linguaggio globale della Bibbia evidenzia successivamente la dimensione storica della rivelazione: «Questa economia della rivelazione comprende eventi e parole intimamente connessi» (DV 2). Cioè la comunicazione di Dio all'uomo è realizzata attraverso la storia del popolo eletto e la presenza del Figlio di Dio nella storia dell'umanità, nonché con l'esperienza personale di ogni uomo, esperienza intesa come «storia da salvare».

Questa concretezza di fede richiede alla catechesi l'evocazione delle esperienze del catechizzando, facendone emergere l'appello trascendente e confrontandolo con la storia del popolo eletto e la rivelazione storica della persona-messaggio di Cristo e della Chiesa.

• La rivelazione è una parola continuamente detta, cioè ha una dimensione dinamica; e suppone lo svelamento attraverso una provvida e progressiva gradualità dentro la storia umana, mediante una sua traduzione culturale, un suo adattamento alle persone ... Il che si traduce in una catechesi come itinerario di fede incarnato che porti «progressivamente» il credente verso la piena maturità cristiana.

In sintesi, da quanto è stato finora detto sulla dimensione «interpersonale, storica e dinamica» della rivelazione, ne consegue un primo compito per la catechesi: interpretare in maniera coerente il messaggio attraverso la comprensione e l'attualizzazione coerente del suo linguaggio.

2. Le leggi della comunicazione catechistica

Un secondo nucleo di riflessione ci impegna sul versante della parola intesa come «comunicazione». La catechesi deve comunicare il messaggio della fede con il linguaggio che essa stessa contiene; la rivelazione ci presenta una triplice modalità di comunicazione:

a) Dio si rivela all'uomo come mistero trinitario (= una comunicazione all'interno della sua identità); la rivelazione ci mostra cioè un Dio che appare Lui stesso comunicazione;

b) Dio rivela all'uomo il suo piano di salvezza (= comunicazione come storia di salvezza); la rivelazione ci mostra che Dio si comunica all'uomo nella sua storia;

c) Dio rivela in Cristo e nella Chiesa il mistero della sua relazione con l'uomo (= comunicazione nella vita della Chiesa); la rivelazione ci mostra cioè come Dio offre all'uomo il dono della comunicazione.

Che cosa è essere cristiani se non riconoscersi fratelli e sorelle in Cristo, figli e figlie di un medesimo Padre, destinati ad una vita che non finirà?

Comunicare la fede perciò, significa fare riferimento ad una teologia dell'alleanza (= che è relazione senza predominio), facendo da tramite tra le persone, realizzando una comunicazione interpersonale, perché la religione cristiana è precisamente relazione tra l'uomo e Dio, in legame tradizionale di alleanza.

La Bibbia descrive l'alleanza come il fondamentale evento comunicativo tra Dio e l'uomo: Dio vuole entrare in comunione con il suo popolo , vuole comunicare con lui in uno spirito di reciprocità e di mutua appartenenza, ma in un sincero dono di gratuità.

La comunicazione di Dio, che si attua nell'alleanza, suscita un popolo; da qui appare che i raggruppamenti umani (famiglia, gruppo di catechesi, comunità) sono luoghi del comunicare umano primordiale e sono sostenuti e garantiti dalla grazia del mistero di Dio, che li muove ad essere canali di comunicazione autentica fra esseri umani.

L'uomo è fatto per comunicare e per amare: Dio lo ha fatto così e noi non ne dobbiamo stravolgere la natura.

Di qui si spiega anche l'immensa nostalgia di comunicare a fondo e autenticamente che è propria di ciascun uomo.

Questo desiderio penetra in tutte le relazioni tra uomini.

La fede cristiana è una conoscenza che si situa nel campo del dialogo tra l'uomo e Dio, ma con il riconoscimento, da parte dell'uomo, di un legame filiale profondo che va oltre la morte. In questa ottica pare decisivo che la catechesi metta in rilievo le affermazioni essenziali della fede in una problematica di comunicazione, perché la fede stessa sia resa possibile e comprensibile nella cultura di oggi.

3. Le relazioni necessarie

La *catechesi*, perciò, è «comunicazione» della «Parola di Dio».

Sappiamo quindi che il termine «comunicazione» secondo le scienze bibliche rivela che Dio è comunicazione trinitaria e che è alla radice del nostro comunicare umano. La Bibbia intera può essere letta come la storia del dialogo tra Dio e gli uomini e degli uomini tra di loro, nel continuo sforzo di intendersi o nei fallimenti comunicativi e nel loro superamento.

Secondo le moderne scienze antropologiche tale esigenza di comunicazione, inoltre, va intesa prima di tutto come «dimensione costitutiva dell'essere umano» perché risponde alle esigenze stesse della comunicazione.

In ogni comunicazione di fede il catechizzando non deve avere un ruolo secondario o passivo, ma deve essere protagonista del dialogo in una profonda sintonia:

- deve essere aiutato a decodificare il messaggio della rivelazione; la sua risposta di fede in realtà ri-crea il messaggio, a partire certo dai segnali ricevuti, ma anche in base a sue precomprensioni riguardanti il catechista, il contesto in cui si realizza il dialogo, il messaggio ricevuto;
- il catechizzando che riceve un messaggio deve poter rilanciare l'interazione con il catechista, per giungere ad una verifica del processo in atto;
- egli non è solo destinatario dell'iniziativa del catechista; è lui che va alla ricerca

dei messaggi di cui ha bisogno, pronto ad aprirsi alla comunicazione,
anche a smentirla quando non la scopre funzionale ai suoi scopi.

4. Le condizioni che abilitano la comunicazione

Si dice che la cultura contemporanea sia una cultura della comun
sul piano dei valori vissuti spontaneamente (perché valorizza l'autonomia delle persone e la loro diversità, è vissuta come comunicazione interna per complessità e perplessità, è profondamente antidogmatica, valorizza la ricerca e il dialogo), sia sulpiano delle varie scienze umane...

Quali allora le condizioni per una comunicazione autentica?

Quali i punti fermi, garantiti i quali, si possa presumere che il processo della comunicazione del messaggio avvenga con sufficiente correttezza? La sintonia è garantita a determinate condizioni:

- ci vuole una motivazione comune: catechista e catechizzando devono essere motivati ad interagire tra loro, sulla base di una reciproca stima e di un comune interesse per l'argomento trattato.

Quando si verifica questa condizione il catechista è attento sia alle condizioni concrete in cui avviene il dialogo, sia alle attese dei catechizzandi.

Da parte loro, questi partecipano con creatività all'incontro tutte le volte che si sentono rispettati e riconoscono nel messaggio che viene loro offerto una possibile risposta ai propri interrogativi;

- è necessaria una codificazione e decodificazione corretta.

Il processo si realizza se si usano gli stessi codici e se il ricevente dispone di tutte le informazioni necessarie.

La comunicazione è tanto più facile quanto più il codice è costituito da esperienze comuni;

- bisogna assicurare una parità di potere nel processo della comunicazione. Quando ambedue i dialoganti sono garantiti da una adeguata elaborazione dei significati, attraverso il confronto si fanno emergere gli errori e si svelano i possibili malintesi a livello di utilizzazione dei codici e a livello di messaggio obiettivo. Non si deve sottovalutare il fatto che la riconosciuta parità evita o riduce le eventuali tensioni a livello di relazione;

- occorre fare spazio al Maestro interiore.

Catechista e catechizzandi non devono imporre una loro verità ma collaborano per giungere alla comprensione di un messaggio più ricco di quanto non lo sia inteso dall'uno e dagli altri.

Occorre avere nel cuore una nostalgia per una realtà che si intuisce più grande delle nostre parole e delle nostre attese.

Questo significa che il catechista non presuma di essere padrone della Parola ma suo servitore; non stratega che conduce gli altri, ma compagno di viaggio alla ricerca comune di una più profonda sintonia con un Maestro che parla al cuore di ogni uomo prima e meglio di quanto egli stesso non sappia fare.

L'uso catechistico delle moderne categorie del linguaggio

La comunicazione avviene sempre attraverso un linguaggio ed il linguaggio oggi è soggetto ad un logoramento molto più accentuato che in passato. Le parole che esprimono la realtà si trasformano e si logorano rapidamente fino a non fornire più informazioni; oppure si tratta di invecchiamento del codice linguistico che non offre più le chiavi della decodificazione.

Non pensiamo immediatamente ai linguaggi in senso didattico (che pure necessitano di un arricchimento, in sintonia con l'espressività e la cultura della comunicazione sociale, come il linguaggio dei gesti, delle immagini, del suono, delle parole, della narrazione ...).

Sarà bene riflettere sui linguaggi che scaturiscono proprio antropologicamente dalla cultura sociale entro cui pure dobbiamo collocare la nostra proposta catechistica.

1. Il linguaggio delle relazioni interpersonali

Se la persona è un essere in relazione; se la fede parla, in effetti, della comunicazione in Dio (il mistero trinitario), della comunicazione di Dio (la storia della salvezza), della comunicazione secondo Dio (la vita della Chiesa nello spirito delle beatitudini), il suo linguaggio non può che essere il linguaggio della comunicazione interpersonale.

Perciò catechisticamente risulta inefficace o poco comunicativo un linguaggio che racconti la fede in termini dottrinali o dogmatici, o la presenti in un sistema filosofico-teologico di verità da credere.

Il linguaggio della relazione si esprime sempre in termini di incontro, di comunione, di dialogo, di confronto, di accoglienza o rifiuto, di amore, di fedeltà o infedeltà, di tiepidezza o generosità, di gratuità, che sono i tipici linguaggi biblici della «relazione».

La catechesi, in questo modo, deve far respirare quell'atmosfera che mette il credente a proprio agio e che è tipica di chi si trova in presenza di persone.

2. l linguaggio della libertà

Se è vero che sia dal punto di vista psicologico (= crescita verso l'autonomia e l'indipendenza) che da un punto di vista culturale l'uomo di oggi vive il culto della libertà, anche la fede non può essere espressa se non con i termini della libertà.

Prima di tutto perché la risposta di fede è fondamentalmente libera e poi perché la catechesi deve rispettare questa coscienza acuta della libertà di cui l'uomo è profondamente geloso. Se l'uomo non tollera di essere forzato, attraverso il linguaggio della libertà è necessario portarlo a riflettere sul suo valore più profondo.

La catechesi deve mostrare un linguaggio estremamente rispettoso della libertà; l'atto di fede è espressione massima di libertà. In realtà più una risposta è di ordine spirituale, più esige di dover scegliere. E senza libertà non ci può essere scelta.

Anche nella comunità cristiana si dovrebbe respirare un clima che permette alla libertà di maturare e utilizza un linguaggio che favorisce la crescita di atteggiamenti autonomi contro il conformismo e l'infantilismo.

3. Il linguaggio della creatività

Se c'è un concetto che meglio esprime la mentalità dell'uomo moderno è quello di essere costruttore di se stesso.

Da un punto di vista psicologico l'uomo vive l'esperienza dell'autonomia in cui individua i termini del proprio futuro. Per rispondere a questa dinamica esistenziale, la catechesi non può usare il linguaggio del dogmatismo e della tradizione fissata storicamente, salvo a recuperarla successivamente come momento di confronto culturale. Del resto la creatività si riscontra ovunque nel mistero di Dio: nella creazione, nell'incarnazione e nella comunità cristiana.

E' chiaro che la creatività non significa riduzione a spontaneità ma occorre non limitare la creatività a compiti solo terreni, per essere aperti anche ai doni dello Spirito. In questo modo il linguaggio diventa veicolo di un messaggio che è capace di umanizzare l'universo e liberare l'uomo da tutte le sue schiavitù e alienazioni.

4. Il linguaggio della solidarietà e della partecipazione

L'uomo di oggi viaggia su una direttrice planetaria e sta imparando a proprie spese che non può risolvere i suoi problemi (culturali, economici, tecnici) individualisticamente: gruppi, sindacati, partiti, organismi nazionali e internazionali ... Il mondo oggi avverte fortemente il bisogno della solidarietà. Non ci può essere solidarietà nella folla anonima e l'uomo di oggi ne ha un'acuta coscienza personale. La solidarietà è assente da tutto ciò che ostacola e distrugge la personalità del singolo. La solidarietà umana e cristiana è il frutto di una coscienza libera e responsabile. La vera solidarietà per il cristiano è la carità. La solidarietà (= alleanza tra Dio e l'uomo) è la molla di tutta la storia della salvezza. A proposito della solidarietà, perciò, si deve dire la stessa cosa che si è detta per il linguaggio della partecipazione: è la conseguenza dell'essere insieme e parte di una comunità. La catechesi deve appropriarsi del linguaggio della solidarietà e della partecipazione, perché mira a fare dei gruppi di credenti vere esperienze di Chiesa-comunione. Si deve realizzare però una comunione che, non misconoscendo il dono trascendente, cresce sempre di più consolidandosi dal basso, nella serena coscienza che ogni elemento di un gruppo deve portare il suo piccolo contributo.

5. Il linguaggio del futuro e della speranza

L'uomo moderno appare sempre più come «progetto», è rivolto verso il futuro, rifiuta una tradizione concepita come riproduzione o copia del passato. Proposta che provoca subito l'atteggiamento della chiusura e del rifiuto di ogni offerta che appare stantia e quindi poco appetibile.

D'altra parte la verità cristiana non è dietro di noi ma in noi e avanti a noi. La Bibbia non narra belle storie del passato, ma impegna in un processo di interpretazione e di attualizzazione del messaggio salvifico. La fede è anche speranza.

Il linguaggio della catechesi non può che essere un linguaggio molto concreto e umano, fortemente radicato nella vita ma rivolto alla ricerca di quei valori che si preannunciano all'orizzonte, ma di cui non si ha ancora il pieno possesso.

La catechesi si fa proposta da verificare, ricerca che coinvolge, scoperta che rinforza; il suo modello si confronta con i veri modelli senza fissismi e senza conformismi; la sua verità si fa ricerca di valori che rispondono ai bisogni autentici ed ai desideri più duraturi.

6. Il linguaggio dell'esperienza

La cultura del nostro tempo vede l'uomo sempre più radicato nei valori della concretezza dei fatti e dell'esperienza umana. Quante volte si sente dire: più fatti che parole! Ma l'esperienza umana totale comporta relazione ai diversi livelli, per non imprigionarsi in allenamenti di piccolo cabotaggio: relazione con gli altri per arricchirsi di una molteplicità di esperienze; relazione con Dio per dare uno sbocco di liberazione ai limiti spesso insuperabili della ristrettezza della nostra vita.

La catechesi non può prescindere da questa esperienza umana globale, perché la vita cristiana è soprattutto esperienza di testimonianza. E la testimonianza è la rivelazione di una esperienza. Il linguaggio catechistico dell'esperienza è linguaggio del quotidiano, del concreto, del limitato, eppure linguaggio capace di dare uno sbocco alla vita oltre il quotidiano, oltre il concreto, oltre il limitato.

In conclusione, si deve affermare che il messaggio della salvezza, pur essendo trascendente perché dono di Dio, viene comunicato attraverso un linguaggio che è comprensibile dall'uomo.

Perciò nella catechesi se il linguaggio non si colloca nel piano della sintonia tra chi trasmette (Dio, catechista) e chi riceve (l'uomo), il messaggio di cui è veicolo non viene recepito.

Il messaggio salvifico deve incarnarsi nel tempo. Solo incarnandosi in esso salva l'uomo. Ed il linguaggio ne diventa una mediazione essenziale.

Giuseppe Morante
Docente presso la Pontificia Università Salesiana di Roma

LE OPERE DI MISERICORDIA

«Le quattordici opere di misericordia sono state chiamate il "breviario dei nostri doveri verso il prossimo". Un tempo questo breviario ci veniva fatto imparare a memoria e lo si recitava nelle preghiere del mattino e della sera. Certo non bastava per farcele vivere tutte e sempre, ma serviva a non dimenticarcene troppo spesso, a provare qualche rimorso, a rinnovare qualche proposito. Perciò bisogna dire grazie a chi ce le richiama, motivandole, illuminandole e concretizzandole per il contesto del nostro vivere di oggi».

E' una considerazione del card. Giovanni Saldarini, arcivescovo di Torino, nella presentazione del volume: «Le opere di misericordia. Una proposta biblico-pastorale», Edizioni Paoline.

Nello stesso volume il card. Anastasio Ballestrero così scrive: «Io sono persuaso che, se vogliamo che i discorsi sulla giustizia, sulla solidarietà, la condivisione, la partecipazione finiscano di essere mere parole per diventare tessuto di esistenza e ispirazione di vita, è necessario non perdere di vista la misericordia di Dio, che fonda il dovere della misericordia. Quando ho suggerito che intorno alle opere di misericordia si facesse anche una riflessione dal punto di vista biblico, agganciandole alla parola di Dio, l'ho fatto proprio per redimere dalla schiavitù sociologica questo tema della carità e della misericordia cristiana, intesa nel suo vigore evangelico, nella sua originalità evangelica e nella forza inesauribile che dal Vangelo promana».

Da oltre un decennio si assiste ad un rilancio, anche editoriale, dei commenti alle «Quattordici opere di misericordia corporale e spirituale». La CEI negli «Orientamenti pastorali per la Chiesa italiana degli anni '90. Evangelizzazione e testimonianza della carità» ha proposto che «l'amore preferenziale per i poveri venga espresso nelle opere di misericordia corporale e spirituale» tenendo conto delle «povertà post-materialistiche». E nell'elenco concreto delle indigenze attuali sottolinea proprio i due aspetti: il corpo e lo spirito. E questo per essere coerenti con la globalità della persona umana.

È pure interessante osservare come le «opere di misericordia» siano considerate dalla teologia morale effetti della spinta dello Spirito Santo nei confronti dei singoli e della comunità, variamente articolata. Non sono esperienze da coltivare solo individualisticamente, ma da realizzare comunitariamente. Non a caso, in questi ultimi anni, la formazione pastorale delle coppie e delle famiglie punta moltissimo sul renderle concretamente testimoni di misericordia. Basta riferirsi al «Direttorio di pastorale familiare per la Chiesa in Italia». Vi si trovano attualissime proposte e indicazioni sia nel capitolo sesto «La missione della famiglia nella Chiesa e nella società», in particolare dove si parla della famiglia a servizio dell'uomo e della partecipazione allo sviluppo della società (si ipotizzano le presenze della famiglia nella solidarietà), sia nel capitolo settimo concernente le situazioni «difficili» delle coppie e delle famiglie per le quali motivi ispiratori possono venire dalle opere di «misericordia spirituale»: consigliare i dubbiosi, insegnare agli «ignoranti», ammonire i peccatori, consolare gli afflitti, perdonare le offese. Sono facilmente individuabili le applicazioni concrete.

Molte comunità parrocchiali, associazioni e movimenti fanno oggi del «parametro opere di misericordia» l'elemento che, costantemente, sollecita il loro operare cristiano ed i programmi di solidarietà da rinnovare ogni anno stimolati dallo stesso Anno liturgico.

Nel vissuto della Chiesa

Dopo questi sommari richiami penso di poter dire che duemila anni di cristianesimo sono una costante attualizzazione delle opere di misericordia. Se è vero che Gesù «è passato facendo del bene e risanando tutti» (cf Atti 10,38), i cristiani sono entrati nei primi duemila anni di storia, dalla nascita di Cristo, accompagnando l'umanità mediante un mosaico stupendo di iniziative di carità e di solidarietà.

Si potrebbe scrivere una storia della Chiesa sulla base delle quattordici «opere di misericordia», senza escluderne nessuna.

I cataloghi delle quattordici «opere» sono stati variamente composti; ma tutte hanno la loro radice nel Vangelo, dove Gesù («In lui messaggio e messaggero si identificano», ha scritto Giovanni Paolo II nella *Redemptoris Missio*) le realizza tutte. Per questo dagli Atti degli Apostoli e dalle Lettere di Paolo e di Pietro, di Giovanni, di Giacomo, di Giuda si trovano tutte, indicate come linea di condotta per i singoli e le comunità. Vengono pure condannati, con parole forti e vibranti, i «tradimenti» di tali «opere».

Nel Medio Evo si giungerà alla codificazione, doppiamente settenaria e ampiamente commentata e dilatata a tutte le situazioni storicamente rilevabili. Sono infatti i «segni dei tempi» a stimolare le risposte alla infinita casistica delle povertà. Ci sono epoche e situazioni che maggiormente pongono istanze «materiali», altre che sollecitano risposte «spirituali». Mai però è esclusione di una «linea» rispetto all'altra. La Chiesa è comunione e, quindi, sempre «sintesi» tra ciò che si fa per le condizioni «materiali» (corporali, economiche, sanitarie, assistenziali, ecc.) e per quelle «spirituali».

Diamo al termine la più ampia panoramica: formazione delle coscienze, attenzione alle intelligenze, affiancamento delle problematiche psicologiche e psichiatriche, ecc.).

È pure interessante rilevare che il «Catechismo della Chiesa cattolica» colloca le «opere di misericordia» all'interno del commento al settimo Comandamento e, in particolare, nella sezione dedicata all'amore dei poveri. Ricorda: «nelle sue molteplici forme - spogliamento materiale, ingiusta oppressione, malattie fisiche e psichiche e, infine, la morte - la miseria umana è il segno evidente della naturale condizione di debolezza in cui l'uomo si trova dopo il primo peccato. Ha bisogno di salvezza: per questo ha attirato su di sé la compassione di Cristo Salvatore. È pure per questo che gli oppressi dalla miseria sono oggetti di amore e di preferenza da parte della Chiesa la quale, fin dalle origini, malgrado l'infedeltà di molti suoi membri, non ha cessato di impegnarsi a sollevarli, a difenderli, a liberarli.

Ha fatto ciò con innumerevoli opere di beneficenza, che rimangono sempre e dappertutto indispensabili (nn. 2447 ss).

Nella storia di duemila anni di «opere di misericordia» realizzate da persone singole e da istituzioni (locali, nazionali, internazionali e mondiali); da comunità varie, in particolare congregazioni religiose maschili e femminili; da «opere» infinite frutto manifesto della «fantasia» della carità o dalla sollecitazione della gente e dell'ambiente si colloca tutta la storia della santità cristiana. Ogni cristiano e cristiana è tenuto a rispondere con la sua vita alle istanze degli altri.

Ogni vita è vocazione alle opere di misericordia e come tale va formata in maniera permanente.

Ha detto Giovanni Paolo II: «La carità è il cuore della Chiesa: senza la carità la Chiesa non è la Chiesa di Gesù Cristo».

Proviamo dunque a percorrerne la storia. E' una provocazione ad una ricerca ancor più documentata e dettagliata nella propria Chiesa particolare o nelle vicende della propria associazione.

Nei primi trecento anni di cristianesimo le «opere di misericordia» si sviluppano in modo particolare attorno al «diaconato» (basta pensare ai sette diaconi di Gerusalemme tra cui emerge il protomartire Stefano e a Lorenzo di Roma considerato l'antesignano dei responsabili «Caritas» odierni e di tutta la carità sul territorio). Ci sono anche le «collette-scambio di doni» tra Chiese ricche (si legga la seconda lettera di S. Paolo ai Corinzi) e quelle povere. Ogni comunità ha una lunga serie programmatica di opere di misericordia.

Ecco un elenco riferito ai primordi del cristianesimo. Sono le prime categorie degli «assistiti»: vedove ed orfani, malati, poveri, inabili al lavoro (tra essi - ricorda Erma - «gli afflitti e gli infermi di animo», mentre Tertulliano indica gli «inabili» e i «senes domestici»), prigionieri di vario tipo (anzitutto i cristiani perseguitati per la fede, tra cui i condannati alle miniere - «ad metalla» - e a tale scopo compivano anche lunghissimi viaggi). Poi gli schiavi e le loro famiglie e i colpiti da gravissime calamità (terremoti, eruzioni vulcaniche, peste ...). Per i disoccupati si chiedeva l'impegno dei diaconi e - come è scritto nella Didaché - dovevano trovar loro il lavoro «perché non gravassero sulla cassa della comunità». Due campi particolari per le «opere di misericordia»: l'ospitalità ai pellegrini ed ai forestieri; il culto dei defunti (è documentato dalle catacombe).

È tanto vasta e diffusa tale solidarietà che nei loro scritti gli «apologisti», difensori del cristianesimo e del suo operato concreto nella società, ne fanno motivo, per la difesa del Vangelo e di coloro che lo seguono coerentemente.

Le «opere di misericordia», nell'epoca cosiddetta «costantiniana» che vede rapporti nuovi tra le Chiese particolari e le istituzioni civili, assumono aspetti «visibili» e comunitari di notevole incidenza. La «misericordia» nell'epoca dei Padri, orientali e occidentali, è predicata e proposta in ogni suo risvolto: basta pensare per l'Occidente agli interventi di san Girolamo, sant'Ambrogio, sant'Agostino e per l'Oriente a san Giovanni Crisostomo e a san Basilio, il creatore della «Basileide» (una vera città ospedaliera articolata nei settori di intervento previsti nell'epoca).

Si moltiplicano le realizzazioni pubbliche di matrice esclusivamente cristiana o coniugate con quelle civili che la legislazione sempre più attenta ai problemi sociali va favorendo. Interessa constatare - raffrontandoli con la realtà odierna - come i nomi di istituzioni assistenziali e sanitarie dell'epoca siano rimasti tuttora (e non solo nelle lapidi): «nosocomio» (per la cura degli infermi); «brefotrofio» (per i bambini); «orfanotrofio» (per la protezione fisica, economica e morale degli orfani); «gerontocomio» (per gli anziani); «czenodochio» (punto di accoglienza degli stranieri, degli infermi e dei poveri). C'è anche lo «ptocotrofio» (in greco *ptocos* è il povero): una vera e propria mensa popolare per i diseredati. Sono realizzazioni che i Padri e le comunità conoscono assai bene: sono quasi tutti di origine «greca»; però rivelano l'animo rispettoso con cui venivano seguite le persone e le categorie. Anche questo è segno di misericordia.

Carità fantasiosa

Subentrano con il passare dei secoli le invasioni barbariche e le guerre tra i popoli. È l'epoca della «carità dei Papi»: per tutti citiamo san Leone e san Gregorio Magno.

Ma la «misericordia» moltiplica le sue esperienze ovunque: entra in questa storia la paradigmatica figura di san Martino di Tours, vescovo e testimone della carità più generosa. Spesso gli unici a restare sulla breccia delle mille difficoltà personali, familiari e sociali sono i Vescovi e le comunità dei credenti.

Cattedrali ospitali sotto ogni aspetto (si pensi al «diritto di asilo») si coniugano con l'attività solidale dei «monasteri». La carità è ancora una volta più «fantasiosa» del prevedibile. Non è soltanto fatta di elemosine e di beneficenza; c'è l'ospitalità, asse portante della carità monastica; e nascono anche le «farmacie» (tuttora caratteristica di molti monasteri). La generosità dei fedeli verso i monasteri ed i conventi viene trasformata in opere di servizio sociale. San Benedetto con i suoi figli e figlie anima tutto il Medio Evo. I beni della Chiesa - si ricorda a chi li possiede - sono il «patrimonio dei poveri», nel corpo e nello spirito.

Nei cosiddetti «secoli oscuri» che precedono il Mille, tempi di guerre e di rapine, sono gli stessi «statuti» dei Concili delle varie Chiese a determinare la sollecitudine verso chi è nella indigenza di ogni forma. La cosiddetta «tregua di Dio», unita quasi sempre al «diritto di asilo», fu un'istituzione provvidenziale in tempi di guerra e di rapina: consentiva una pausa per raccogliere feriti, persone e famiglie provate in ogni maniera.

Con la svolta del primo millennio si entra nella storia della solidarietà meglio conosciuta. Sorgono i «Municipi» e negli «statuti» occupa largo spazio l'opera assistenziale della Chiesa: tutto si fa più organico. Si sviluppano gli «ospedali di Dio» anche - per fortuna - a seguito delle Crociate: incideranno su tutto il medio Oriente e sull'Europa. L'ispirazione evangelica di tali opere è la evidente e, sempre centrale, «cappella» attorno a cui viene realizzato il resto. Allora si avviano le «confraternite» e le «misericordie»: il laicato si fa onnipresente; partendo dalla preghiera, dalla liturgia quotidiana si apre alle sempre nuove urgenze.

Ed eccoci agli «ordini mendicanti». Fra vecchie e nuove povertà i figli di san Francesco e di san Domenico con i «terzi ordini» che aggregano i laici, inventano altre soluzioni. Le malattie contagiose, peste e lebbra tra tutte, esigono precise risposte. La «misericordia» crea anche i cosiddetti «monti di pietà» che tanta solidarietà e «scambio di beni» hanno attuato nel Medio Evo e successivamente, prima di diventare matrice degli istituti bancari e delle casse di risparmio.

Certo questa può apparire una «lettura» ottimistica - quasi trionfalistica - della storia della Chiesa. Non mancano ombre e pagine oscure: viltà e controtestimonianze. Ma viene costantemente predicata la conversione e i «tabulari» delle opere di misericordia, ormai enucleate in quattordici, suggeriscono di «riparare» (buttandosi nell'ascolto di nuovi appelli). Il Concilio di Trento (conclusosi nel 1563) stabilisce: «I Vescovi sono tenuti ad aver cura dei poveri e di tutte le altre persone bisognose».

Chiede di visitare i poveri abitualmente e di rinnovare, periodicamente, gli amministratori ai fini di una corretta attuazione dei sevizi. La carità suscita il ministero pastorale di san Carlo Borromeo, Vescovo di Milano (citiamo il più ricordato uomo del «dopo-Concilio»), ma tutta la comunità cattolica deve muoversi con intensità. È l'avvio delle Congregazioni ospedaliere: i Fatebenefratelli creati da san Giovanni di Dio e i «ministri degli infermi» suscitati sa san Camillo De Lellis; i gesuiti di sant'Ignazio e i Barnabiti di sant'Antonio Maria Zaccaria; i Teatini di san Gaetano. Lo sviluppo, ora, è per la carità culturale e spirituale. Ognuno di noi conosce più dettagliatamente «opere» che hanno inciso grandemente sulla società civile, pur attraverso mille tensioni e contraddizioni.

Il 1500-1700 è l'epoca segnata in maniera simbolica dal francese san Vincenzo De Paoli: l'aiuto è per tutti e sotto ogni forma. Lo «spirito vincenziano» diventa provocazione quotidiana. Anche la società civile mediante la «filantropia» (termine che vuole sottolineare che l'azione sociale può nascere dalla pura «ragione») intensifica gli interventi di solidarietà. Le legislazioni della fine del 1700 e quelle del 1800 danno all'intero quadro sociale una forma istituzionale che va sotto il nome di «riforma».Il resto è storia contemporanea? I «santi sociali» torinesi Cafasso (per i carcerati), Cottolengo (per ogni povertà), Bosco (per la gioventù) assieme a Murialdo sono quattro vette di un «sommerso», diffuso e realizzato ovunque in ogni Chiesa particolare. Congregazioni religiose, comunità parrocchiali, movimenti e associazioni laicali intervengono sugli spazi e secondo gli orizzonti ormai planetari alla misericordia.

Di essa un capitolo sempre più ampio riguarda le Missioni, il Terzo e Quarto Mondo.

Dalle «opere» e dalle istituzioni si giunge alla dinamica della «Caritas» italiana, animatrice - e non solo sintesi o sostituzione - della solidarietà. Ricordano i nostri Vescovi in «Evangelizzazione e testimonianza della carità»: «Il nostro sostegno va anzitutto alla "Caritas italiana», che la nostra Conferenza Episcopale ha istituito come suo organismo pastorale al fine di promuovere [...] la testimonianza della carità nella comunità ecclesiale, in forme consone ai tempi e ai bisogni. Per realizzare efficacemente questo obiettivo, auspichiamo che le Caritas diocesane incoraggino e sostengano le varie e benemerite espressioni del servizio caritativo - alle quali pure va il nostro cordiale plauso e riconoscimento - e ne curino il coordinamento. Evidenzino inoltre la loro prevalente "funzione pedagogica, promuovendo e attivando, nel corso di questo decennio, la Caritas parrocchiale in ogni comunità» (n. 48). È il nuovo capitolo delle «opere di misericordia».

Franco Peradotto
Provicario generale di Torino

LA SOLIDARIETÀ NELLE COMUNITÀ CRISTIANE SEGNO DELLA COMUNIONE ECCLESIALE

Commentando le risposte ad un questionario sulla identità ebraica, Bruno Bettelheim scriveva: «Dalle dichiarazioni citate, si direbbe che per gli ebrei americani essere un buon ebreo ed essere un uomo buono sia equivalente.

Il ritualismo ebraico, lo studio della Torah e l'ubbidienza alle sue leggi viene, cioè, sostituito da una più generica moralità; le qualità più importanti del buon ebreo sono la condotta etica, lo spirito umanitario e un attivo senso civico.

Questo è ulteriormente confermato dal fatto che solo il 24 per cento degli interpellati riteneva importante per un buon ebreo frequentare la sinagoga, anche nelle festività maggiori. Dunque l'adesione a precetti più generali di moralità e di etica viene vista come un requisito più essenziale, per essere un buon ebreo, che non l'adesione ai particolari precetti dell'ebraismo.

È come se gli interpellati rispondessero: "Il fatto di essere un uomo buono ti fa essere un buon ebreo". Mentre per le generazioni precedenti una risposta più tipica sarebbe stata: "Il fatto di essere un buon ebreo ti fa essere un uomo buono"»[1].

Ci pare che questa considerazione può introdurci molto bene nella riflessione sul rapporto tra esperienza della solidarietà e senso della comunione ecclesiale per i cristiani; infatti ciò a cui spesso assistiamo è un fenomeno analogo a quello indicato da Bettelheim: la diffusione, certo positiva, di un'ampia sensibilità rispetto ai temi della solidarietà rischia spesso di significare, al di là delle intenzioni, la perdita di qualsiasi valenza teologica di questo tema e il suo diventare «realtà generica».

Il rapporto che esiste tra «l'essenza stessa del cristianesimo», il cuore della fede, l'appartenenza ecclesiale e l'esperienza della solidarietà come frutto buono della fede viva, ma anche come esperienza condivisa e condivisibile con tutti gli uomini e le donne di buona volontà indipendentemente dalla loro identità religiosa, proprio questo rapporto segnerà le possibilità e i percorsi del cristianesimo di questi anni.

Possibilità di percorso

Possiamo indicare, in modo schematico, due modelli opposti (e, evidentemente, un po' esagerati a causa delle semplificazioni inevitabili) di soluzione di questo rapporto.

Da un lato l'esperienza della solidarietà e della condivisione sui problemi concreti può essere vissuta come puramente accessoria rispetto alla identità di fede: si vive la realtà centrale della fede e dell'esperienza ecclesiale come unicamente «spirituale», nel suo senso a volte più astratto, di intimità del cuore e di identificazione di sé. La solidarietà è vissuta soprattutto come esperienza interna alla comunità di appartenenza, come senso di riconoscimento reciproco e come esperienza rassicuratoria. La centralità della comunione ecclesiale che si vive nei gruppi secondo questo modello è giocata intorno al consenso, alla condivisione degli itinerari interiori e di maturazione personale, alla percezione di una unità anche tangibile e visibile, dove, ad esempio, le esperienze di servizio vengono vissute come possibili unicamente se percorse tutti insieme.

La solidarietà diventa così elemento di riconoscimento, ma in sé accessorio, non determinante e tende ad essere vissuta come selettiva, cioè decisiva solo nei confronti di coloro che condividono l'appartenenza ecclesiale, e come buona, ma superflua, nei confronti di un «esterno». Questo modello ha avuto una maggiore diffusione nel passato, almeno in Italia, e oggi è presente solo come resto di mentalità non mutate o come riemergenza in gruppi a forte identità di appartenenza.

Il secondo modello, più diffuso e più vicino alla considerazione di Bettelheim, è quello che risolve il rapporto effettuando una separazione: da un lato c'è una identità e un'appartenenza di fede, caratterizzata da una esperienza fortemente «privata» e personale; dall'altro l'esperienza della solidarietà vissuta come unico volto socialmente spendibile e pubblicamente visibile dell'appartenenza della fede. Il prezzo che si paga è che bisogna rendere generica questa esperienza perché possa essere «comunicabile» fuori dalle strutture base del pensare cristiano che vengono percepite come non condivisibili fuori dall'appartenenza stretta alla fede. Così si può collaborare con chiunque e su qualunque tema, purché non si metta in gioco la radice della solidarietà per i credenti e la sua valenza «sacramentale», di segno e di strumento di altro da sé e dai possibili percorsi umani.

Questo modello provoca, in genere, una reazione dura, di fronte al rischio e alla paura di perdita di identità cristiana, con il richiamo alla visibilità della presenza credente intorno a temi che diventano «bandiere» da difendere ad ogni costo, e a modalità di presenza che vengono vissute come le uniche che consentono ancora di salvare una definizione di sé in ambiti specifici.

In questo modello, dunque, la generica dispersione dei credenti «progressisti», tutti spesi sul sociale e sul servizio di solidarietà che li rende gradevoli e dialogici, e l'irrigidimento vissuto come «integrista» su alcuni temi sono due facce della stessa distorsione del rapporto tra solidarietà e percezione della centralità della fede e di un modello che elude il problema, finendo per scontentare tutti.

La questione del cuore

Dunque la vera questione teologica da cui prendere le mosse è il tema di come può essere individuato il centro qualificante della esperienza di fede, che cosa è possibile individuare come elemento qualificante del cristiano, senza per questo dividerlo dagli altri, per far emergere, da questo, un modello di comunione ecclesiale che consenta un corretto modo di pensare e di vivere la solidarietà come esperienza-segno.

Come tutti i segni-chiave delle fede esso è indispensabile durante il tempo della storia, che sta sotto il segno della incarnazione, dell'economia dei segni, dunque, ma contemporaneamente non è riducibile a generico riconoscimento filantropico di un qualsiasi modo di essere benevoli e tolleranti o impegnati al servizio di un civile e sociale che sono terreno di impegno per tutti.

Sia chiaro che non si vuole qui affatto sminuire l'importanza e la positività del fatto che i credenti si trovino oggi sempre più spesso a spendersi, in collaborazione con altri e senza distinzione di appartenenza religiosa, sul terreno della solidarietà. La preoccupazione è, piuttosto, quella di cercare di comprendere il movimento teologico che abita questa sensibilità e possibilità, per non perdere di vista il tesoro prezioso, il deposito ricevuto.

Il cuore proprio della fede può essere indicato nell'Eucaristia: è la grande solidarietà di Dio con la storia che ogni volta si rinnova, è il suo nutrire un popolo affamato e povero, indigente di vita vera, che segna la radice di ogni solidarietà per il credente. Poiché siamo invitati, come bambini alla tavola degli adulti, ad un banchetto che non meritiamo né guadagniamo, e poiché sperimentiamo che la nostra fame può essere saziata solo dal dono di un Altro, e di fatto viene saziata ed è questo che celebriamo, allora e solo allora sappiamo che la solidarietà è possibile nella storia, ed è anima e segno di un'altra solidarietà, quella che tutti riceviamo. È l'unica realmente risolutiva e salvifica.

Certo nessuno nega questa centralità: il problema vero è vedere cosa implica e cosa significa questa affermazione. Per indicare solo alcune piste di riflessione possiamo sottolineare come questo significa, innanzi tutto, che la solidarietà compete alla storia e all'umanità, ma la salvezza compete a Dio e, in Cristo, è già compiuta. Con questo si vuole sottolineare che la definitività e la pienezza di una vita vera e totalmente benedetta sta solo sotto il segno di una salvezza che nessuno di noi può darsi e l'esperienza della solidarietà è anche esperienza di un responsabile realismo, capace di percorrere e vivere il limite e il dolore della storia. Inoltre questa centralità indica anche che nessuno è soggetto della solidarietà radicale se non Dio; gli esseri umani sono tutti destinatari del gesto gratuito di Dio che si fa prossimo in Gesù e tutto ciò che facciamo per farci prossimo agli altri è solo il riconoscimento della nostra indigenza di fronte a Dio, non una forma nascosta di "ricchezza" che avremmo da condividere con gli altri.

La comunione ecclesiale

Ma vogliamo qui soffermarci particolarmente sull'aspetto ecclesiale delle conseguenze di questa ritrovata centralità; innanzi tutto va detto che la solidarietà è segno della comunione ecclesiale nella misura in cui segnala e mostra la nostra radicale dipendenza dall'unico Dio. Non è tanto la questione, cioè, che segnali o meno la visibilità di un «essere uniti» (che finisce per essere una conseguenza), dato che è segnato comunque dalla opacità della storia e che dunque non è univoco né uniforme, non solo a causa del peccato, ma a causa delle legittime diversità di articolazione nel provvisorio che la storia è.

«Così anche nei disaccordi tra cattolici, i motivi religiosi che ciascuno adduce alla propria posizione devono essere presi sul serio. Non con una "carità" che attribuirebbe ad un avversario delle buone intenzioni e gli conferirebbe l'aureola avventizia della generosità, ma perché una coscienza religiosa testimonia se stessa in quella reazione concreta, perché un credente vi afferma "il senso che egli ha di Cristo", perché la sua fede prende *quel* volto plasmato dalla creta della propria storia, modellato (come sempre) nello spessore del reale, con la carne e il sangue.

Egli *è* credente in *quella* maniera. Non agisce solamente, nel caso concreto, "in quanto credente" o "in nome dei propri principi", come se la sua decisione fosse semplicemente ripresa da un ruolo sociale o dedotta da convinzioni religiose. La sua parola e la sua azione costituiscono il linguaggio effettivo di una fede che lo fa vivere»[2].

Solo nella misura in cui il nostro farci prossimo ai fratelli costituisce «il linguaggio effettivo di una fede che ci fa vivere», allora la solidarietà diventa segno della comunione ecclesiale.

E la comunione che si esprime, in questo caso, è la comunione che si fa non intorno ad accordi, ma intorno alla comune conversione al Dio che solo è santo; l'immagine di Chiesa che ne emerge è quella di un popolo, differenziato nei ministeri, ma di uguali intorno al Dio che si è fatto in Cristo il Dio con noi.

Essere solidali: quale modello di rapporto

Dunque la radice della solidarietà è, per i credenti, nel cuore stesso della incarnazione e la possibilità di spendersi nel servizio, in collaborazione con tutti gli uomini e le donne di buona volontà, è realtà che non qualifica l'essere cristiani, ma lo mostra; per citare ancora Bettelheim, non si è cristiani perché si è uomini buoni, ma si è uomini buoni perché, in Cristo, Dio ci ha reso possibile avere un cuore grande come il suo.

E questo non diventa un motivo di divisione (faccio questo in quanto cristiano...), ma al contrario consente di essere profondamente liberi e gratuiti: è l'opera di Dio che qualifica l'essere cristiani, è il suo stesso essere che ci rende suoi figli in Cristo Gesù; Lui ha salvato il mondo, e a noi compete di occuparci delle questioni del tempo e della storia con la fantasia, l'intelligenza e la creatività che abbiamo, potendo riconoscere i semi dello Spirito ovunque ci sia amore.

Così le comunità ecclesiali diventano, intorno alla Eucaristia, il luogo della misura e della memoria della grandezza del cuore di Dio; e, contemporaneamente, diventano luoghi di umanità accogliente, dove non si sta a causa degli impegni che si hanno, ma dove si sta perché Dio accoglie e invita. E dove, dunque, non si tratta di stabilire se e chi ha titoli sufficienti per stare, ma, piuttosto, dove trova riposo chi nella storia e nel tempo porta la fatica e la responsabilità dei problemi e della strada comune.

Stella Morra
Docente presso l'Università Gregoriana di Roma

Note

[1] BETTELHEIM B., *La Vienna di Freud*, Feltrinelli, Milano, 1990, p. 271.

[2] DE CERTEAU M., *Mai senza l'altro*, Qiqajon, Bose, 1993, pp. 63-64.

L'AC E LA PASTORALE: LA COLLABORAZIONE CON GLI ORGANISMI PASTORALI

Se «pastorale» è ogni realtà (persone, attività, istituzioni, organismi, associazioni, ecc.) mediante la quale la Chiesa si offre come strumento dello Spirito al fine di accogliere la venuta del Regno, l'AC nel perseguire tale scopo possiede stile e strumenti propri che, delineati nello Statuto e precisati dai successivi interventi del Magistero e dall'esperienza di numerosissimi laici, di per sé connotano i membri di questa Associazione in modo inconfondibile.

Ne consegue che nel trattare il tema espresso dal titolo è opportuno assumere come punto di vista quello dell'AC, anche per evitare la ripetizione di motivi e passaggi adeguatamente articolati nelle precedenti unità, che restano in ogni caso punti di riferimento obbligati.

In concreto, si intende qui descrivere i «tratti» della personalità dell'AC, per vedere come il laico adulto possa e debba proficuamente dialogare con taluni organismi (Caritas, Ufficio missionario, Associazioni di volontariato, Associazioni professionali cattoliche, ...), volti programmaticamente a promuovere «la virtù cristiana della solidarietà» (*Sollicitudo rei socialis*, 40) quale «determinazione ferma e permanente di impegnarsi per il bene comune» (*ivi*, 38) e, dunque, quale espressione storica particolarmente urgente della carità cristiana.

Tra gli elementi costanti dell'AC, si possono indicare i seguenti: la laicità, la globalità, la stabilità, il carattere associativo, il legame con la Gerarchia e la libertà.

La laicità (cf *La nuova ACI*, Ave, Roma 1991 [d'ora in poi NACI], pp.70.137.174.216.222; ST,p. 23). Sorvolando sulle pur necessarie discussioni di natura teorica relative al cristiano laico (se, cioè, egli sia un «cristiano e basta» o abbia una propria irriducibile specificità), di fatto i laici sono «i cristiani non configurati secondo il sacramento dell'ordine, che realizzano la loro vita cristiana, nativamente missionaria, dove il Signore li ha posti a vivere»[1], e comunque il Magistero così sempre li definisce (ad es. CFL, 15).

Ciò significa che proprio nell'esercizio di tale missione - e non fuori di esso - il laico di AC trova le ragioni della propria santificazione e del proprio impegno. Ne deriva che la prima testimonianza del laico - e dunque anche del laico di AC - ha per destinatari le persone che il Signore gli ha posto accanto nella vita quotidiana. Certo prossimi si diventa; (Lc 10,29-37), ma a incominciare da chi è già fisicamente prossimo, poiché le condizioni di vita ordinarie - e spesso non scelte - sono il luogo normale della chiamata divina e delle conseguenti risposte, concrete e puntuali. Ciò ovviamente da un lato non esclude, anzi richiede, che ci si faccia prossimi di chi, fisicamente lontano, versi in particolare bisogno; ma, dall'altro lato, protegge questo impegno da evasioni che, per quanto eroiche nel loro esercizio effettivo, con la volontà di Dio nulla hanno a che fare. Infatti è soprattutto nelle vicende d'ogni giorno - feriali più che festive - che si obbedisce all'esortazione del Maestro: «Non sappia la tua sinistra quel che fa la tua destra» (Mt 6,3).

Si pensi, per esempio, alla vicinanza affettuosa con cui si può essere solidali nell'ambito della famiglia (genitori anziani, persone malate, piccoli bisognosi, ...); o alla prossimità discreta e talora positivamente determinante con la quale si possono accostare coppie in difficoltà; oppure all'ascolto pacato e al consiglio che schiude la speranza a un collega di lavoro; ovvero al sorriso di accoglienza benevola dato ai membri del Consiglio pastorale parrocchiale.

Dunque, sotto questo profilo, un'eventuale collaborazione con qualsiasi organismo pastorale o con qualsivoglia associazione professionale o di volontariato risulta essenzialmente relativa e subordinata, né sostituisce queste forme individuali di diaconia che nessuna struttura, perfetta che sia, riuscirebbe mai ad eguagliare.

La globalità (cf NACI, 35.66-67.76.96.137.173-174.250; ST, p. 64).

Poiché il fine dell'AC è «il fine generale apostolico della Chiesa» (ST, art. l) e poiché la Chiesa si prende cura della salvezza di tutto l'uomo e di tutti gli uomini, il laico adulto di AC non può lecitamente agire altrimenti. La competenza dell'AC è «l'incompetenza» - in quanto Associazione - per settori particolari della pastorale o, meglio, la sua specializzazione è «la non specializzazione». Indubbiamente, il singolo s'impegnerà in questo o quel campo dell'attività pastorale (e in esso acquisirà un'adeguata competenza), ma possedendo sempre il senso dell'insieme: opererà sul mosaico e non solo sulla singola tessera; curerà l'organismo più che gli organi isolatamente presi; si darà da fare per il progetto, senza peraltro disdegnare di sporcarsi le mani nell'esecuzione delle singole parti.

Di qui alcune implicazioni e conseguenze notevoli.

a) La scelta religiosa (NACI, 114.125.159.199.248.250; ST, art. 36; ID, pp. 71-72; Giovanni Paolo II, *Discorso all'VIII Assemblea dell'ACI*).

Essa significa, in sostanza, dare il primato all'evangelizzazione, dal momento che la Chiesa coincide precisamente con l'evangelizzazione o, per usare la terminologia di Giovanni Paolo II riferita al nostro contesto occidentale, con la «nuova evangelizzazione». Riferita rispetto alla solidarietà, essa comporta, per il laico, sia il calibrare la propria sensibilità pastorale verso tutte le occasioni in cui si riveli opportuna una visibilizzazione esplicita della comunità cristiana nel campo della famiglia, del lavoro, della scuola e in genere delle relazioni sociali; sia lo spendere generose energie nel pensare, programmare e servire il cammino di fede della comunità cristiana: fede che, stando a fondamento dell'amore cristiano, ne cambia il nome in quello di «carità».

In tale ambito, lo stimolo che il laico di AC può ricevere da un organismo quale la Caritas è soprattutto in ordine al principio della «fede che opera per mezzo della carità» (Gal 5,6), così che il servizio reso alle persone sia supportato da una lucida conoscenza dei bisogni e da un impiego evangelico delle risorse. E l'incentivo che egli può ricevere, ad esempio, dall'Ufficio missionario e da quello per gli stranieri è una puntuale verifica della propria e mai conclusa formazione alla mondialità, che si esprime anche in termini di pace e di sviluppo dei popoli.

b) La cura dell'uomo in situazione (cf NACI, 126.145ss.160.211ss.221; *Giovanni Paolo II all'VIII Assemblea dell'ACI*).

Avendo per destinatario ogni uomo così com'è, l'evangelizzazione fa sì che egli possa liberamente diventare chi deve essere secondo il progetto che Dio ha per lui (Rom 8,28-30). Da questo punto di vista, alcune contraddizioni palesi in cui si dibatte l'uomo contemporaneo non possono essere disattese in vista di un serio impegno solidale: la mentalità consumistica perfino nei rapporti interpersonali; le insistenti sottolineature della parità e le simultanee affermazioni categoriche della diversità in senso negativo; l'isolamento in cui si trovano individui e famiglie e la loro ricerca, non soddisfatta, di condivisione; l'enfasi artificiosamente posta sullo straordinario e la censura sistematica del quotidiano; la moltiplicazione dei servizi e nel contempo la riduzione delle persone al rango di utenti; lo sviluppo centrato quasi esclusivamente sul soddisfacimento dei bisogni materiali a scapito dei rapporti fraterni; e molto altro ancora.

Tutto questo richiede che il laico si faccia intenzionalmente carico degli interrogativi fondamentali dell'uomo circa il senso del vivere, del gioire, del soffrire, dell'amare, dello sperare e del morire, al fine di rispondervi con la concretezza del vangelo di Gesù («Ogni volta che avete fatto queste cose a uno qualsiasi di questi miei fratelli più piccoli, l'avete fatto a me»: Mt 25, 40); che si coinvolga nel vastissimo campo del volontariato, inteso come scelta profetica, gratuita e permanente per non lasciar sola la persona che soffre, anzi per soffrire con lei e - nei limiti del possibile - al posto suo, imitando l'unico Maestro e Signore (Gv 13,1-17); che tenti qualche «esperienza di frontiera», d'intesa con l'Ufficio catechistico, in ordine all'evangelizzazione dei cosiddetti lontani. È impossibile, quindi, non riconoscere come in taluni campi il laico adulto di AC possa offrire agli organismi di cui sopra la propria esperienza di partecipazione alla vita della Chiesa locale, con il supplemento di fatica che questa comporta; e, nello stesso tempo, possa ricevere da essi indicazione di approcci, segnalazione di metodi, proposta di piste nell'ambito della solidarietà, per la crescita propria e dell'intera comunità cristiana.

c) Lo stile di comunione (cf NACI, 53-54.68.158.201; ST, p. 65; poi ETC, n. 29).

Che non possa darsi evangelizzazione senza comunione, è evidente: per la semplice e insuperabile ragione che Dio stesso è comunione. E che il laico di AC debba essere «specialista in fraternità», non è che la logica conseguenza del suo dovere primario di essere «laico diocesano», dedito alla tessitura della vita della comunità.

In tale ottica, accoglienza generosa, irriducibile pazienza nel dialogo, dedizione in base ai bisogni e non ai meriti dell'altro, chiarezza di giudizio sui comportamenti oggettivi, astensione dalla valutazione delle responsabilità soggettive e capacità di persuasione, sono alcuni ingredienti di una solidarietà che intenda farsi veramente storia. In concreto, il laico coltiva con particolare cura alcuni ambiti di esercizio di tale solidarietà: il rapporto tra le cose da fare e le persone da accogliere, in modo che le prime siano subordinate alle seconde; il rapporto con il sacerdote - mandato dal Vescovo - da accettare con simpatia, benevolenza e lealtà, senza tuttavia rinunciare a una corretta esposizione delle proprie idee; il rapporto con il gruppo parrocchiale di AC, coltivato non come comunità di vita (la vita va giocata altrove), ma come modello di vivaci e cordiali relazioni di comunione evangelica. Ora, non è questo lo stile con cui operano anche gli organismi sopra ricordati?

d) La formazione (cf NACI, 72.96.125.199.245ss.253; ST, p. 71; *Giovanni Paolo II, VIII Assemblea dell 'ACI*).

Per il laico di AC, formarsi all'«oggettivo cristiano» attraverso gli incontri di catechesi proposti dalla parrocchia e allo «specifico dell'AC» mediante l'itinerario programmato dall'Associazione, è un dovere irrinunciabile, perché egli non sia solo un adulto cristiano (nel quale la fede è una scelta sullo stesso piano delle altre), bensì un cristiano adulto (in cui la fede costituisce l'opzione fondamentale). Nondimeno, le implicazioni di tale opzione, non essendo quasi mai deducibili a priori, richiedono un rigoroso e costante aggiornamento, che si può conseguire sia attraverso lo studio propriamente detto, sia mediante il cimento personale nell'esperienza, sia con la fatica del necessario discernimento. Tanto più che la posta in gioco è molto elevata, trattandosi di dar corpo al principio paolino del «vivere secondo la verità nella carità» (Ef 4,15).

Sotto questo profilo, è difficile sopravvalutare l'opportunità per il laico di diventare membro di un'associazione professionale cattolica (di medici, di insegnanti, di giuristi, ecc.) o, quanto meno, di partecipare ai corsi di aggiornamento da essa promossi, allo scopo di tenere in continua verifica il proprio impegno professionale.

*e) **La corresponsabilità*** (cf CFL, passim; ST, pp. 68.72.74; *Giovanni Paolo II, VIII Assemblea dell 'ACI*).

Ogni discepolo di Gesù è chiamato ad essere corresponsabile, in quanto la missione della Chiesa si attua con il contributo di tutti i cristiani. «Corresponsabilità» è più di «collaborazione». Se quest'ultimo termine dice per sé soltanto unità nell'esecuzione, il primo allude al diritto-dovere di coinvolgersi in ogni fase dell'opera evangelizzatrice: dall'intuizione alla progettazione, dall'esecuzione alla verifica. Ora, anche prescindendo dal fatto innegabile che purtroppo pochi sono i laici veramente corresponsabili, almeno il laico adulto di AC dovrebbe esserlo (il condizionale è di rigore), nel senso che si prende cura - per dono e non per merito - della comunità cristiana come tale. Da questo punto di vista, è mai possibile che egli esaurisca tutte le sue energie in un «frammento» di cui non sia in grado di cogliere il significato rispetto al «tutto»? Relativamente alla solidarietà, la corresponsabilità laicale può dire molto: sia per debellare il clericalismo (ma un eventuale «laicismo intraecclesiale» sarebbe errore uguale e contrario), sia per evitare scompensi nell'organizzazione della vita ecclesiale. Infatti, se tutti si concentrassero in un volontariato a termine, sarebbe realizzato il valore della solidarietà? E se tutti progettassero e nessuno eseguisse, o viceversa? Più radicalmente: se la solidarietà venisse intesa e vissuta come principio generatore della Chiesa al pari della Parola e dell'Eucaristia, e non - come deve essere - quale frutto di esse, sarebbe solidarietà cristiana?

f) La missionarietà (cf NACI, 43; ST, pp. 73-74).

Il laico di AC - come del resto ogni cristiano - agisce in maniera tale che ogni uomo possa, se vuole, accogliere responsabilmente la salvezza. La Chiesa infatti esiste perché non tutti si sono resi disponibili alla venuta del Regno: essa è «la comunità dei pochi mediante la quale Dio vuol salvare tutti» (Ratzinger), essendo «non il luogo esclusivo di Dio, ma il luogo in cui il Dio di Gesù Cristo intende rivelarsi storicamente» (K Ranher), e cesserà di esistere quando «il Cristo consegnerà il Regno a Dio Padre» e «Dio sarà tutto in tutti» (lCor 15,24.28). Proprio in questo ordine di considerazioni si inscrive la partecipazione del laico di AC alle iniziative che, proposte dall'Ufficio missionario diocesano e messe in atto in parrocchia o in vicariato, gli consentono di aprirsi alla totalità della missione. Con la *Redemptoris missio*, che distingue entro l'unica missione della Chiesa tre diverse condizioni - la missione *ad gentes*, la cura pastorale delle Chiese consolidate e la nuova evangelizzazione di quelle di antica cristianità in cui molti si sono allontanati dalla fede - (Rm, 33), il laico, convinto della «reale e crescente interdipendenza» di queste diverse forme, tiene accesa la consapevolezza che «senza la missione *ad gentes* la stessa dimensione missionaria della Chiesa sarebbe priva del suo significato fondamentale e della sua attuazione esemplare» (Rm, 34). Come poi declinare tale consapevolezza nello spazio e nel tempo a sua disposizione, costituisce ancora una volta un esercizio insostituibile della sua libertà, che si lascia educare anche grazie agli strumenti di cui la diocesi ha ritenuto di doversi dotare.

La stabilità (cf NACI, 44 45.49.51.75).

Il messaggio della salvezza, ossia il «vangelo di Gesù Cristo, Figlio di Dio» (Mc 1, 1), è sempre più grande di chi lo annuncia e più importante delle modalità di annuncio. Di conseguenza, il laico di AC evangelizza con rispetto e tenacia ad un tempo, malgrado le difficoltà intra ed extra-ecclesiali che possono insorgere, quali l'avvicendamento della persona del parroco e il cambiamento dell'ambiente di vita o delle condizioni socio-culturali. Naturalmente, il metodo e gli strumenti non risultano indifferenti: se lo fossero, ne andrebbe della salvezza, giacché un messaggio evangelico nei contenuti e non nello stile è semplicemente non evangelico e perciò non evangelizzante. Tuttavia, l'obbligo morale che l'annuncio venga fatto è più cogente di tutto il resto, dal momento che Gesù di Nazaret a nulla (neppure, ad esempio, alla coerenza della vita dell'annunciatore con il messaggio annunciato) ha subordinato l'urgenza di predicare la «buona notizia» da parte del discepolo: «Andate e ammaestrate tutte le nazioni, battezzandole nel nome del Padre e del Figlio e dello Spirito santo, insegnando loro ad osservare tutto ciò che vi ho comandato» (Mt 28,19-20); anche Paolo ne è fermamente convinto, quando afferma: «Guai a me se non predicassi il vangelo!» (lCor 9,16). Le conseguenze in tema di solidarietà sono molteplici: la coltivazione di abitudini buone (= virtù) di impegno solidale e non solo di atti singoli; l'attitudine a una riflessione pacata e organica sugli eventi, contro considerazioni soltanto emotive e immature, che come tali incarnano l'oggettività del giudizio; l'esercizio costante della virtù della prudenza, che sa prendere decisioni ragionevoli e coraggiose, senza paura di eventuali conseguenze negative a proprio danno; la capacità di svincolarsi dai luoghi comuni, allo scopo di servire gli ultimi con la sola forza della verità, che notoriamente non obbedisce a criteri statistici; il donare in base al bisogno altrui e non in proporzione al merito; il mantenere il proprio impegno solidale anche quando venisse a mancare il sostegno di chi ha iniziato ad esso; e soprattutto il saper fare il bene anche senza far valere i propri «diritti d'autore» (come scrive Kierkegaard: «Si è disposti a sacrificarsi per il bene, ma a condizione che gli uomini lo capiscano. Questo non è proprio sacrificarsi per il bene»[2]. A ben guardare, si tratta di atteggiamenti che ogni cristiano dovrebbe assumere; tuttavia la collaborazione con l'uno o l'altro organismo diocesano specificamente destinato alla maturazione del valore della solidarietà nel popolo di Dio, ha il merito di motivarli più adeguatamente, incarnandoli in esperienze vissute e rafforzandoli con l'essere e il fare «insieme»: insomma, rendendoli progetto di vita ecclesialmente determinato. In tal modo una virtù quale la compassione, che per lo più viene intesa e attuata con eccessivo o nullo coinvolgimento personale (rispettivamente: benevolenza e beneficenza), diviene un perseverare con fedeltà in comunione con la persona che soffre. (Anche a questo proposito Kierkegaard è intransigente: «Gli uomini vogliono praticare la compassione, ma vogliono essere loro stessi a determinarne la misura, affinché ciò possa essere "fino a un certo punto". Ora tutto ciò che è mediocre, il "fino a un certo punto" è per il Cristianesimo causa di scandalo, una suggestione di Satana»[3].

L'unità associativa (cf NACI, 35.44.96.200; ST, p. 68).

L'ACI è un'associazione ecclesiale pubblica, una pluralità di *christifideles laici* che intendono perseguire con un'azione comune il fine stesso della Chiesa, e come tale essa è eretta dalla Gerarchia ecclesiastica. Sotto questo profilo, l'AC non è né il singolo membro né tutti i suoi membri individualmente considerati, bensì il loro insieme, che costituisce entro la Chiesa un soggetto dotato di una personalità giuridica autonoma, «a guisa di corpo organico». Ora, gli organismi di cui sopra si caratterizzano - in modo loro proprio - per il convergere di intenti, di sforzi, di indirizzi verso uno scopo comune in maniera progettuale, organizzata e istituzionalmente garantita. Da questo punto di vista, essi superano la contrapposizione scorretta tra carisma e istituzione: anziché rinunciare all'alto tasso profetico della loro testimonianza, lo incarnano perché sia «rifatto con l'amore il tessuto cristiano della comunità ecclesiale» (CFL, n. 34; cf ETC, n. 26). Conseguentemente, a detti organismi il laico associato di AC ha parecchio da dare e dagli stessi ha molto da ricevere. Il che è tanto più considerevole in una società, come la nostra, dove l'organizzazione sembra l'unica modalità efficace di intervento.

Il legame peculiare con la Gerarchia

L'AC evangelizza in stretto rapporto con i pastori: sia nel senso che unicamente la Gerarchia l'ha istituita, sia nel senso che la stessa Gerarchia la assume come sua diretta collaboratrice e quindi come sua interlocutrice.

La peculiarità del rapporto consiste nel fatto che la collaborazione è «diretta», a differenza di altre Associazioni che non posseggono tale qualifica.

Il contributo che il laico di AC può ricevere da Caritas ecc. è soprattutto in ordine allo studio approfondito dal Magistero sociale della Chiesa. Così, in una società perennemente tentata dallo scientismo (= la scienza è fine a se stessa), dal tecnologismo (= la tecnica è il valore supremo) e in genere dal funzionalismo (= il bene massimo è «ciò che serve»), il laico non abdica alla propria responsabilità di porsi come «coscienza critica della società». Egli «pensa», cioè si costringe liberamente a una riflessione che investe, al di là delle pur inevitabili domande sul fare-produrre, i fondamentali interrogativi sull'essere; coltiva i valori irriducibilmente umani (estetici, affettivi, morali e religiosi), che soli danno la gioia del vivere e il senso del morire; si fa idee giuste e vive in coerenza con esse, affinché non gli accada di cambiare le idee, anziché, giudicare in base ad esse la prassi visto che, se non si agisce come si pensa, si finisce inesorabilmente col pensare come si agisce...«ed è subito sera».

La libertà (cf NACI, 35.44; CFL, n. 31).

Il laico sa che la propria adesione all'AC sta oppure cade in funzione, rispettivamente, della sua libertà o non libertà; e comprende il valore simbolico - in senso forte e buono - del tesseramento, che esprime precisamente tale libertà insurrogabile. Questa soggiace anche agli impegni di solidarietà promossi dagli organismi ripetutamente citati, ai quali pertanto può offrire la propria convinta collaborazione.

Tre cenni conclusivi.

- Il laico adulto di AC collabora con gli organismi, proposti dalla Chiesa particolare, atti a mantenere una vigile attenzione e a conferire concretezza profetica in ordine a una solidarietà che si faccia davvero storia ed annuncio dell'amore di Dio.
- Il fine di detta collaborazione resta quello di «vivere secondo la verità nella carità», principio così spiegato dai Vescovi italiani: «All'uomo non basta essere amato, né amare. Ha bisogno di sapere e di capire: l'uomo ha bisogno di verità. E la carità ricorda che il centro del vangelo, la "lieta notizia", è l'amore di Dio per l'uomo e, in risposta, l'amore dell'uomo per i fratelli (cf lGv 3,16; 4,19-21). E ricorda - di conseguenza - che l'evangelizzazione deve passare in modo privilegiato attraverso la via della carità reciproca, del dono e del servizio» (ETC, n. 10).
- Per questo il laico adulto di AC - proprio in quanto tale - si pone al servizio del «vangelo della carità», per la vita di ogni «fratello per il quale Cristo è morto» (ICor 8,11). In tal modo egli realizza l'invito rivolto da san Paolo ai cristiani di Roma: «Vi esorto fratelli, per la misericordia di Dio, ad offrire i vostri corpi come sacrificio vivente, santo e gradito a Dio: è questo il vostro culto spirituale» (Rom 12,1). La già deprecata separazione tra fede e vita resta sconfitta senza remissione.

Gabriele Milani

Assistente diocesano Settore Adulti di Milano

Note

1 CANOBBIO G., *Laici o Cristiani? Elementi storico-sistematici per una descrizione del cristiano laico*, Morcelliana, Brescia 1992, p. 302).
2 KIERKEGAARD, *Diario*, Morcelliana, Brescia 1980, vol. IV, p. 28, n. 1373).
3 KIERKEGAARD, *Esercizio del Cristianesirno* n. 1, in Opere, Sansoni, Firenze 1988, 722; *Gli atti dell'amore*, Rusconi, Milano 1983)

CONTENUTI DELL'EDUCAZIONE ALLA SOLIDARIETÀ: L'APPORTO DELLA DOTTRINA SOCIALE DELLA CHIESA

Premessa

Per comprendere la prospettiva della dottrina sociale della Chiesa sulla solidarietà va tenuto presente che la stessa dottrina o insegnamento sociale della Chiesa (=ISC), in questi ultimi anni, è divenuta più *teologica*, venendo ascritta, in modo particolare, all'ambito della teologia morale[1]. Ciò comporta che, fin dall'inizio, si adotti, sulla solidarietà, una visione propriamente *teologica*. Tuttavia, questo non significa che se ne debbano dimenticare le dimensioni sociologica, filosofica, giuridica e pedagogica, le quali restano tutte incluse in quella teologica.

Considerando, poi, che l'ISC è stato praticamente definito nella *Sollicitudo rei socialis* (=SRS) «strumento di evangelizzazione», «elemento essenziale dell'evangelizzazione»[2], come sarà detto più direttamente nella *Centesimus annus* (=CA), si deve ritenere che i suoi contenuti, nel nostro caso il contenuto della *solidarietà*, sono indispensabili non solo per un'opera di umanizzazione e di pre-evangelizzazione ma anche per l'azione evangelizzatrice in quanto tale; in particolare, per l'attività di educazione alla fede matura, che si deve attuare nella catechesi, nella formazione globale dei ragazzi, dei giovani e degli adulti.

Se si aggiunge, ancora, che la dottrina sociale della Chiesa è stata ultimamente presentata, da Giovanni Paolo II, quale «componente essenziale» della «nuova evangelizzazione» (cf CA n. 5), e in specie della «nuova evangelizzazione del sociale», si deve pensare che anche il tema della solidarietà sia elemento essenziale della «nuova» evangelizzazione, nell'ultima decade del secondo Millennio e nel terzo Millennio. In altre parole, se si prende a cuore il compito di una evangelizzazione che sia «nuova» non solo nel metodo e nell'ardore, ma anche nell'impegno di ricostruire il tessuto cristiano delle comunità ecclesiali e della società civile, e se si intende rivitalizzare e riorganizzare l'evangelizzazione del sociale e la rispettiva Pastorale sociale, è chiaro che tra i vari punti di riferimento indispensabili sta il valore della solidarietà, quale proposto dall'ISC.

Non è inutile, infine, ricordare - per non rinchiudere l'approccio all'ISC in un mondo asettico, staccandolo dal contesto della vita - che oggi il valore della solidarietà è messo in discussione nei rapporti tra persone, tra gruppi sociali (neocorporativismo), tra etnie, tra nazioni, nelle teorie societarie e politiche contemporanee. Complici sono sia la crisi delle ideologie tradizionali, della metafisica e della gnoseologia, sia la soggettivizzazione esasperata della morale che dà luogo a una costellazione di «sistemi di valore» sempre più differenziati, in opposizione tra loro e non comunicanti, sia l'accentuarsi del fenomeno della secolarizzazione che coincide sempre più con l'indifferenza nei confronti di Dio e dell'uomo.

Secondo la teoria *sociologico-sistemica* di N. Luhmann, in una società complessa, come quella contemporanea, i valori tradizionali della «Ragione», della «Libertà», della «Giustizia», della «Solidarietà», sono da considerare relitti arcaici di figure di civiltà definitivamente superate. Per il neoliberale B. A. Acherman, professore in università statunitensi, fautore di una *teoria dialogica della società*[3], la fraternità e la solidarietà non entrano tra le parole d'ordine di una vera democrazia liberale. Queste sono la causa del fallimento dello Stato del benessere. Le parole d'ordine dello Stato liberale sono: «Libertà, Uguaglianza e Individualità»[4].

Un altro neoliberale, F. A. Hayek, aveva prima affermato, senza mezzi termini: «Una società aperta e pacifica è possibile soltanto se rinuncia a creare solidarietà»[5].

Ma non vanno dimenticate le posizioni dello *storicismo* e del *neocontrattualismo*, secondo le quali il valore della solidarietà non ha un fondamento oggettivo. L'unico fondamento plausibile è dato o dalla *coscienza storica* che una determinata società si ritrova ad avere in un particolare momento del suo sviluppo, o dal *consenso sociale* che i cittadini di una società riescono ad esprimere attorno ad alcuni valori fondamentali. È chiaro, però, che se tali fondamenti non trovano adeguato riscontro e radicazione nella coscienza morale delle persone come esseri singoli, il valore della solidarietà è inevitabilmente esposto a facili smentite e a sotterfugi. Una solidarietà «pubblica» senza una solidarietà «privata» non si regge a lungo. Sarebbe solo solidarietà di facciata, destinata ben presto a crollare.

Così, non va scordato che la solidarietà è oggi spesso confusa, secondo il malvezzo della cultura moderna, con il «dare il superfluo in beneficenza», oppure è ridotta al tipo di solidarietà delle istituzioni dei *welfare states*, la solidarietà propria della giustizia distributiva.

Certo, in questa sede non è possibile dare un resoconto più dettagliato dei problemi connessi con la crisi della cultura e delle strutture della solidarietà, che investe anche lo Stato assistenziale. Quanto si è accennato può, comunque, essere sufficiente per comprendere che si impone il compito di una seria riflessione attorno al tema della solidarietà. Rispetto a ciò l'ISC ha un suo apporto significativo da dare.

L'apporto di riflessione dell'ISC sul tema della solidarietà

Vale sempre la precisazione, allorché ci si accinge a conoscere il contenuto dell'ISC su un determinato argomento, che i pontefici non sono soliti fornire trattazioni sistematiche ed esaustive. Essi offrono, piuttosto, *principi di riflessione* - tra i quali va posto il principio di solidarietà[6] - *criteri di giudizio* e *direttive di azione*[7] per l'orientamento dell'azione riformatrice e costruttrice dei credenti e degli uomini di buona volontà.

Non è da pensare, quindi, che si possa trovare nelle encicliche sociali - qui ci si attiene, prevalentemente, ad esse - un materiale già tutto ben organizzato e ben definito a riguardo del tema prescelto. Questo vale anche per la solidarietà. Tuttavia, va riconosciuto che leggendo le varie encicliche si può incontrare sul tema della solidarietà un *corpus* considerevole, e per certi aspetti impensato, di considerazioni e di affermazioni dottrinali, filosofiche e teologiche, oltre che, ovviamente, sociologiche, che non può essere dimenticato, perché davvero prezioso per il rinnovamento della cultura e della civiltà. Un tale *corpus* si è formato perché la solidarietà è stata costantemente al centro dell'attenzione di tutte le encicliche sociali, nessuna esclusa.

Descrizione sociologica della solidarietà

Secondo l'ISC il «fatto» della solidarietà umana è incontrovertibile, eclatante, anche se accompagnato da altri «fatti» che lo contraddicono e lo contrastano.

Il mondo delle relazioni umane, infatti, non è realtà tutta idilliaca. Guerre, odi, violenze, soprusi, ingiustizie e sfruttamenti, contrassegnano, purtroppo, la convivenza sociale.

Ma la solidarietà, agli occhi dei pontefici, appare, come testimonia la stessa fenomenologia sociale, la condizione più «consona» e più «abituale» dell'esistenza umana ed è facile documentarlo.

Ciò che rileva, ad es., la *Rerum novarum* (=RN), e cioè che una classe ha bisogno assoluto dell'altra, e che non può sussistere capitale senza lavoro, né lavoro senza capitale (cf RN n. 15), è ripreso ed approfondito dalla *Laborem exercens* (=LE). A proposito del conflitto tra proprietà e lavoro, essa dice che considerare i mezzi di produzione isolatamente e in contrapposizione al lavoro è contrario alla natura stessa di questi mezzi e del loro possesso (cf LE n. 14). Annotando, poi, che la rivoluzione industriale quella post-industriale hanno scatenato una processualità storica propiziatrice nel superamento delle dimensioni puramente individuali e familiari del vivere e dell'agire umano, la precisa LE in questo modo: «L'antinomia tra lavoro e capitale non ha la sua sorgente nella struttura dello stesso processo di produzione, e neppure in quella del processo economico. In generale questo processo dimostra, infatti, la reciproca compenetrazione tra il lavoro e ciò che siamo abituati a chiamare il capitale; dimostra il loro legame indissolubile. L'uomo, lavorando a qualsiasi banco di lavoro, sia esso relativamente primitivo oppure ultra-moderno, può rendersi conto facilmente che col suo lavoro entra in un duplice patrimonio, cioè nel patrimonio di ciò che è dato a tutti gli uomini nelle risorse della natura, e di ciò che gli altri hanno già in precedenza elaborato sulla base di queste risorse» (LE n. 13). In altri termini, per la LE, è la stessa voce delle cose e dell'attività umana che, contrariamente ad animazioni ideologiche conflittuali quali quella marxista e liberal-capitalista, invocano una cultura della solidarietà e della comunione[8].

La vocazione alla solidarietà dei singoli e dei popoli, secondo l'ISC, è particolarmente sollecitata dal fenomeno, sia pure ambivalente, dell'interdipendenza, che abbraccia non solo il mondo del lavoro, ma anche il mondo economico, politico e culturale. L'ISC lo sottolinea in tutte le encicliche, specie a partire dalla *Mater et magistra* (=MM, cf, ad es., n. 144).

L'interdipendenza, come dato sociologico, è la constatazione che i singoli uomini e i popoli, quanto al loro destino, sono legati fra loro nel bene e nel male: lo sviluppo, la giustizia sociale, la pace, o sono di tutti o non sono di nessuno.

Se l'interdipendenza è vissuta congiunta con le esigenze etiche, se ne avvantaggiano tutti. Se, invece, l'interdipendenza è vissuta disgiunta da esse provoca effetti negativi per tutti, perfino nei Paesi ricchi (cf SRS n. 17).

Dalla constatazione dei fatti relativi all'interdipendenza, che meriterebbe una più approfondita analisi, viene, pertanto, secondo l'ISC, un'ovvia conclusione, che indirizza verso un'esistenza solidale, a livello universale: lo sviluppo, la giustizia, la pace o diventano comuni a tutte le parti del mondo o subiscono un processo di retrocessione anche nelle zone segnate da una loro presenza più massiccia.

Proprio *en passant* va detto che il valore della solidarietà è analogamente registrato come dimensione costitutiva dell'esistenza umana nel vistoso fenomeno moderno - anch'esso ambivalente (cf MM nn. 47-55) - della socializzazione: «Uno degli aspetti tipici che caratterizzano la nostra epoca è la socializzazione, intesa come progressivo moltiplicarsi di rapporti nella convivenza con varie forme di vita e di attività associata, e istituzionalizzazione giuridica. Il fatto trova la sua sorgente alimentatrice in molteplici fattori storici, tra i quali sono da annoverarsi i progressi scientifico-tecnici, una maggiore efficienza produttiva, un più alto tenore di vita nei cittadini».

«La socializzazione è ad un tempo riflesso e causa di un crescente intervento dei poteri pubblici (...); ma è pure frutto ed espressione di una tendenza naturale, quasi incontenibile, degli esseri umani: la tendenza ad associarsi per il raggiungimento di obiettivi che superano le capacità e i mezzi di cui possono disporre i singoli individui» (MM nn. 4s-46)[9].

Una suggestiva descrizione sociologica dell'interdipendenza-solidarietà, che introduce a parlare della sua dimensione etica e filosofica, è fatta da Paolo VI nella *Populorum progressio* (=PP): «Ogni uomo è membro della società: appartiene all'umanità tutta intera. Non è soltanto questo o quell'uomo, ma tutti gli uomini che sono chiamati a tale sviluppo plenario. Le civiltà nascono, crescono e muoiono. Ma come le ondate dell'alta marea penetrano ciascuna un po' più a fondo nell'arenile, così l'umanità avanza sul cammino della storia. Eredi delle generazioni passate e beneficiari del lavoro dei nostri contemporanei, noi abbiamo degli obblighi verso tutti, e non possiamo disinteressarci di coloro che verranno dopo di noi ad ingrandire la cerchia della famiglia umana. La solidarietà universale, che è un fatto e per noi un beneficio, è altresì un dovere» (PP n. 17).

Fondamento filosofico della solidarietà

Come affermava Paolo VI, aprendoci lo sguardo sulla sua dimensione etica, la solidarietà è un dovere, è un'esigenza morale.

Ma quali i fondamenti di tale esigenza?

Per l'ISC essi sono innanzitutto filosofici e teologici. Per ora, fermiamo, brevemente, l'attenzione su quelli filosofici, che dall'ISC sono enucleati a partire da un'antropologia di ispirazione cristiana.

Secondo l'ISC le radici ontologiche dell'esigenza di solidarietà stanno nell'indigenza e nella sovrabbondanza dell'essere umano.

L'uomo e la donna, sintetizzando ed esplicitando l'ISC, in quanto esseri corporei, ossia segnati dalla quantità, sono *individui*, *frammenti* della specie umana. In quanto partecipano - senza adeguarla - alla specie umana, essi hanno bisogno degli altri per realizzarla in se stessi il più possibile. Di qui l'esigenza di stare con gli altri, di relazionarsi con essi, di comunicare con loro e di vivere solidalmente in varie società.

In particolare, per l'ISC, nell'uomo e nella donna, è inscritta un'esigenza di socialità e di solidarietà nel loro essere spirituale, nella loro anima.

Il loro essere spirituale, se per un verso trascende il bisogno dell'altro in quanto sovraesiste alla materia, per un altro verso, trattandosi di esseri spirituali incarnati e, quindi, di esseri spirituali limitati, domanda di comunicare con gli altri, con l'Altro, nell'ordine della conoscenza, della comunione, della condivisione e dell'amore, per completare se stesso.

Ma, sempre per l'ISC, l'uomo e la donna portano in sé non solo la necessità di essere solidali e di stare in società per completarsi. Essi posseggono un'indole sociale, ossia attitudini e capacità di essere sociali e solidali, che li destinano a dare più che a ricevere. Si tratta di doti, di facoltà, che l'uomo e la donna posseggono e grazie alle quali essi sono solidali e sociali non perché hanno bisogno degli altri, ma perché essi sono fatti per il dono reciproco e gratuito, per l'aiuto disinteressato, per l'amore. In altri termini, l'esigenza di solidarietà nell'uomo e nella donna ha anche le sue radici in un patrimonio «naturale» che sospinge al dono e al servizio disinteressato e che è affidato all'uomo e alla donna dal loro Creatore.

L'uomo e la donna sono da Lui chiamati alla solidarietà, a vivere in comune, nella famiglia e nella società politica, sono chiamati, cioè all'unità, alla comunione, all'amore, perché creati come esseri spirituali, ossia dotati di perfezioni che consentono di autopossedersi, per mezzo dell'intelligenza e della libertà, e di sovraesistere in conoscenza e in amore. Proprio perché creati come esseri spirituali, l'uomo e la donna sono esseri intrinsecamente aperti alle comunicazioni della conoscenza e dell'amore. Nel loro essere spirituale c'è inscritta una generosità radicale, per cui tendono, quasi spontaneamente, a sovrabbondare nelle comunicazioni sociali, secondo la legge della vita, dell'intelligenza e dell'amore.

Una tale lettura filosofica dell'essere umano, come essere ontologicamente generoso e aperto alla comunicazione, trova conferma e perfezionamento - come si vedrà più avanti - nei dati della Rivelazione, secondo i quali l'uomo e la donna sono creati ad immagine somigliantissima di Dio-Trinità, che è Unità, Comunione e Amore.

La *Pacem in terris* (= PT) sembra presupporre la suddetta giustificazione filosofica dell'esigenza alla solidarietà, allorché dichiara che «gli esseri umani, essendo persone, sono sociali per natura»: «Sono nati quindi per convivere e operare gli uni a bene degli altri» (PT n. 16).

Sulle stesse posizioni appare la *Gaudium et spes* (= GS) (cf GS n. 12), la quale evoca dati filosofici in un contesto teologico.

In breve, per l'ISC fin qui esposto, l'esigenza alla solidarietà è costitutiva dell'essere umano. Detto diversamente, l'essere umano è essere solidale. L'essere solidale appartiene all'essere stesso dell'uomo e - ovviamente - dei popoli. Crescere in umanità significa crescere in solidarietà e viceversa. Per conseguenza, non esisterà mai uno sviluppo integrale dell'essere umano che non sia solidale.

La SRS, proseguendo sulla base di quanto detto dal precedente magistero, tenta una definizione della solidarietà dal punto di vista morale. Presupponendo, in particolare, che l'esigenza di solidarietà nell'uomo e nella donna deriva dalla loro partecipazione limitata alla specie umana, e che ogni persona ha bisogno dell'altra per essere se stessa, non solo perché ricevono da essa ma anche perché dà ad essa, contribuendo alla crescita dell'altro e della specie umana, Giovanni Paolo II così tratteggia la solidarietà: «Questa, dunque, non è un sentimento di vaga compassione o di superficiale intenerimento per i mali di tante persone, vicine o lontane. Al contrario, è *la determinazione ferma e perseverante* di impegnarsi per il *bene comune*: ossia per il bene *di tutti*» (SRS, n. 38). Prima, però, molto opportunamente, aveva premesso che la solidarietà come *categoria morale*, ossia la *solidarietà-scelta*, va distinta dalla *solidarietà-fatto*, dall'interdipendenza come dato sociologico. Più avanti, invece, nel n. 39, metterà in evidenza che la solidarietà è anche - e ciò non è affatto secondario, perché condiziona la stessa *solidarietà-scelta* - una particolare *percezione* dell'altro e un particolare *atteggiarsi* nei suoi confronti: « La solidarietà ci aiuta a vedere l'"altro" - *persona, popolo* o *Nazione* - non come uno strumento qualsiasi, per sfruttarne a basso costo la capacità di lavoro e la resistenza fisica, abbandonandolo poi quando non serve più, ma come un nostro "simile", un "aiuto" (cf Gn 2,18.20), da rendere partecipe, al pari di noi, del banchetto della vita, a cui tutti gli uomini sono egualmente invitati da Dio».

Si potrebbe continuare nella presentazione dell'approccio filosofico al tema della solidarietà da parte dell'ISC. Ma ciò porterebbe lontano. Basti qui sottolineare che la solidarietà è anche presentata come *virtù* umana che impegna, a livello locale, nazionale e mondiale, per il bene del prossimo, specie per il bene dei più poveri[10], mediante la disponibilità a «perdersi» a favore dell'«altro» invece di sfruttarlo, e a «servirlo» invece di opprimerlo per il proprio tornaconto (cf SRS, nn. 38-39).

Fondamento teologico della solidarietà

Secondo l'ISC l'uomo e la donna sono esseri solidali non solo dal punto di vista di una razionalità sociologica e filosofica.

Secondo la Rivelazione e secondo la ragione teologica, che spiega e approfondisce il dato rivelato, l'uomo e la donna sono esseri sociali e solidali anche in quanto esseri che partecipano dell'essere divino trinitario, e in quanto esseri «cristoconformi». In particolare, la rivelazione illumina le radici teologiche e cristologiche dell'essere solidale della persona affermando *tre verità*.

La *prima verità: l'uomo è essenzialmente essere solidale perché creato ad immagine di un Dio Trinitario, Unità in tre Persone, Comunione perfetta,*

Amore. La GS accenna questa verità, senza peraltro svilupparla, laddove scrive: «Anzi il Signore Gesù quando prega il Padre, perché «tutti siano una cosa sola» (Gv 17, 21-22), mettendoci davanti orizzonti impervi alla ragione umana, ci ha suggerito una certa similitudine tra l'unione delle persone divine e l'unione dei figli di Dio nella verità e nella carità. Questa similitudine manifesta che l'uomo, il quale in terra è la sola creatura che Iddio abbia voluto per se stesso, non possa ritrovarsi pienamente se non attraverso un dono sincero di sé» (GS, n. 24).

La verità che l'essere umano è creato essere essenzialmente sociale, fatto per la comunione e per il dono totale di sé, ad immagine di Dio-Trinità, è echeggiata e tradotta nella SRS in questo modo: «Al di là dei vincoli umani e naturali, già così forti e stretti, si prospetta alla luce della fede un nuovo *modello di unità* del genere umano, al quale deve ispirarsi, in ultima istanza, la solidarietà. Questo *supremo modello di unità*, riflesso della vita intima di Dio, uno in tre Persone, è ciò che noi cristiani designiamo con la parola "*comunione*"» (SRS, n. 40).

Pertanto, secondo l'ISC, nell'uomo e nella donna c'è un'ontologia sociale teomorfa. C'è una *vocazione* alla Solidarietà, alla Comunione e all'Amore. L'esigenza di Solidarietà, di Comunione, di Amore non ha, dunque, le sue radici solo nell'indigenza, ma soprattutto in una *perfezione* divina che è partecipata all'uomo e alla donna in quanto immagini di Dio-Trinità. Non solo l'uomo e la donna, ma l'umanità intera, la famiglia dei popoli, sono chiamati, a causa della dialogicità, della comunione e dell'amore costitutivamente inscritti in essi, ad una storia fatta di solidarietà, di unità, di comunione e di condivisione prima di tutto tra loro e, poi, in modo diverso, con Dio. La trinitarietà dell'essere di Dio, incisa e scolpita nell'essere dell'uomo e dei popoli, deve diventare *norma normans* della crescita dei singoli individui e dell'umanità.

Apparirà chiaro, a questo punto, che l'approccio teologico dell'ISC sulla solidarietà ribadisce, approfondisce, completa l'approccio filosofico, specie con riferimento alle radici di abbondanza e di generosità che sospingono l'uomo alla società solidale.

La *seconda verità: l'immagine di Dio nell'uomo, il suo essere sociale e solidale costitutivo, sono semidistrutti e fortemente indeboliti con il peccato* (cf GS, n. 25). Nell'uomo, ferito dal peccato, prevalgono aggressività incontrollata, individualismi egoistici, incomunicabilità. Le relazioni sociali e solidali, che presuppongono il mutuo rispetto dell'altro e di sé in reciprocità, vengono seriamente compromesse: e ciò a livello interpersonale, a livello universale di famiglia umana. Non solo, però, le relazioni interpersonali o internazionali (il *sociale-personale*) vengono intaccate dal peccato. Sono colpite anche le mediazioni (leggi, istituzioni, strutture) che incarnano ed attuano la solidarietà umana[11].

La SRS, in particolare, parla di un mondo sottomesso a «strutture di peccato» (cf SRS n. 36). Precedentemente, la GS aveva fatto capire che, a causa del peccato, le associazioni, le istituzioni e le strutture (il *sociale-materiale*), posseggono una certa ambiguità: mentre sono mezzo per crescere, possono essere anche, per altri versi, una minaccia per la libertà e la dignità umane (cf GS, n. 25). A scanso di equivoci la GS, però, mentre individua nel sociale-materiale una capacità di indurre e di inclinare al peccato, precisa - seguita in ciò anche dalla SRS (cf SRS, n. 36 nota 65) - che non si può attribuire una responsabilità originaria alle «strutture». Questa è da addebitare, piuttosto, a peccati «personali»:

«È certo che i perturbamenti, così frequenti nell'ordine sociale, provengono in parte dalla tensione che sorge dalle strutture economiche, politiche e sociali. Ma ancor più nascono dalla superbia e dall'egoismo umano, che pervertono anche l'ambiente sociale. Là dove l'ordine delle cose è turbato dalle conseguenze del peccato, l'uomo, dalla nascita incline al male, trova nuovi incitamenti al peccato, che non possono essere vinti senza grandi sforzi e senza l'aiuto della grazia» (ib.).

La *terza verità: la redenzione di Gesù Cristo, secondo l'ISC, rigenera nell'uomo l'immagine di Dio-Trinità, il suo essere sociale* (cf GS, n. 32). Grazie all'incarnazione che divinizza e alla redenzione che toglie il peccato, il carattere comunitario, inscritto nei singoli uomini e nell'umanità, è «restaurato» e portato a compimento: l'essere solidale dell'uomo e della donna è assunto, purificato, consolidato ed elevato. È chiamato, più energicamente, ad immettersi nell'alveo dell'Amore-Agape.

La virtù umana della solidarietà è spinta al superamento di se stessa per diventare, sempre più, virtù cristiana, avente molti punti di contatto con la Carità. Ecco, come si esprime su questo punto la SRS: «Alla luce della fede, la solidarietà tende a superare se stessa, a rivestire le dimensioni specificamente cristiane della gratuità totale, del perdono e della riconciliazione. Allora il prossimo non è soltanto un essere umano con i suoi diritti e la sua fondamentale uguaglianza davanti a tutti ma diviene la viva immagine di Dio Padre, riscattata dal sangue di Gesù Cristo e posta sotto l'azione permanente dello Spirito Santo. Egli, pertanto, deve essere amato, anche se nemico con lo stesso amore con cui lo ama il Signore, e per lui bisogna essere disposti al sacrificio, anche supremo: "Dare la vita per i propri fratelli" (cf 1Gv 3,16)» (SRS, n. 40).

Alcune conseguenze dell'approccio filosofico e teologico sulla solidarietà per l'educazione

a) Per quanto fin qui detto, secondo l'ISC, la solidarietà non trova il suo fondamento ultimo solo in un contratto sociale, né solo in una coscienza storica mutevole e relativistica, né solo in un consenso sociale maggioritario. Essa, come esigenza umana essenziale, si radica anzitutto nell'essere dell'uomo, considerato nell'integralità delle sue dimensioni, compresa quella teologica. Come «condizione umana» di spessore non solo sociologico ma anche ontologico e teologico va riconosciuta, accettata, più che pattuita. Possono essere pattuite le modalità di realizzazione della solidarietà, ma non la sua verità.

b) La solidarietà, che in parte si struttura a partire dalla partecipazione parziale dei singoli individui alla specie umana, e in parte si struttura a partire dalla partecipazione, pure limitata, alla divinità trinitaria, va proposta come valore che supera di molto, trascendendole, le solidarietà che si strutturano attorno alla partecipazione di una nazione, di una razza o di un'etnia. Queste ultime sono solidarietà reali ma inferiori per dignità. La solidarietà, dimensione costitutiva dell'essere umano in quanto essere che partecipa all'*Humanitas* e alla *Divinitas* trinitaria, è solidarietà più universale. Se è vero che l'uomo vive la sua umanità attraverso la nazionalità, la razza e l'etnicità, è, però, anche vero che è l'umano divinizzato che anima e nutre il nazionale, la razza, l'etnico.

c) L'etica individualistica va sostituita da un'etica personalista (cf GS, n. 30), solidarista, della comunione e del dono. L'etica della persona solidale si preoccupa degli altri, di tutti gli altri, ricchi e poveri, ma specialmente di questi ultimi. Così, l'etica della persona solidale porta, oltre al riconoscimento della dignità umana in ognuno, compreso il nemico, alla difesa della persona e dei *suoi* diritti, specie alla difesa della vita e della sua integrità (cf GS, n. 27). Inoltre, conduce ad interessarsi del bene comune, secondo le proprie capacità e le necessità altrui; sollecita a promuovere e ad aiutare le istituzioni pubbliche e private che servono a migliorare le condizioni di vita degli uomini (cf GS, n. 30). In altre parole, l'etica della persona solidale, mentre si apre all'impegno a favore degli altri, contemporaneamente, sospinge a «denunciare» le «strutture di peccato» e a riformare o costruire le mediazioni della solidarietà in modo che rispettino la dignità di ogni uomo e lo mettano in grado di perseguire la propria liberazione e il proprio compimento integrale. Infine, aiuta a tenere nel debito conto le leggi, le prescrizioni e gli obblighi sociali, tra i quali va messo anche quello, non sempre gradito, di pagare le giuste imposte (cf ib.).

d) L'«etica di terza persona» va sostituita con un'«etica di prima persona». Dalle considerazioni dell'ISC sulle radici ontologiche e teologiche della solidarietà viene l'incoraggiamento a superare l'«etica di terza persona», tipica dell'epoca moderna, per la quale la vita morale si ridurrebbe ad un insieme di norme e di precetti da osservare, senza poterli veramente giustificare - se non partendo dal punto di vista impersonale e imparziale di un osservatore esterno al soggetto morale - prescindendo dalle esigenze, dai desideri, dalle passioni, dagli istinti delle persone concrete.

A differenza dell'«etica di terza persona», che domina il pensiero sociale politico contemporaneo e favorisce l'emotivismo, il relativismo e il nichilismo morali, l'«etica di prima persona» pone al centro del discorso morale il punto di vista del soggetto agente, della persona concreta «costruisce» la sua condotta mediante l'esercizio della ragione pratica, della libera volontà e delle passioni, partendo dalle esigenze fondamentali dell'uomo e dalle situazioni in cui si trova. L'ISC mostra, fra l'altro, di stare dalla parte di un'«etica di prima persona» perché propone il valore della solidarietà a partire dalla considerazione dell'esigenza radicale dell'essere umano preso nella concretezza di tutte le sue dimensioni, sociologica, economica, politica, teologica.

e) La solidarietà più autentica sta oppure cade con un'antropologia realista, globale, di ispirazione cristiana, collegata cioè con un'immagine di uomo considerato alla luce della ragione e della fede. Tale immagine non è né individualistica, né collettivistica, né radical-borghese, né «consumistica». È l'immagine di un uomo chiamato a crescere in pienezza, vivendo solidalmente con gli altri, ossia perseguendo uno sviluppo, personale e mondiale, «compatibile» con se stesso, con gli altri, con Dio, con le risorse naturali, con l'ambiente, con i diritti delle generazioni future, con il bene comune nazionale e mondiale (cf specialmente SRS e CA).

Solidarietà e bene comune

Altri spunti per l'educazione alla solidarietà come fattore di pace - «opus solidaritatis pax» (cf SRS, n. 39) - si possono rinvenire nell'ISC se si considerano i binomi solidarietà e bene comune, solidarietà e sussidiarietà, solidarietà e libertà, solidarietà e uguaglianza, solidarietà e giustizia sociale, solidarietà ed efficienza, solidarietà e sviluppo dei popoli, solidarietà ed ecologia, solidarietà e spiritualità. Non potendo prenderli tutti in considerazione ci si limita ai fondamentali.

Iniziando dal binomio «solidarietà e bene comune» va rilevato che, secondo l'ISC, l'esigenza di solidarietà, avente radice nell'indigenza e nella ricchezza dell'uomo e della donna, sospinge gli esseri umani a vivere uniti in società, per perfezionare se stessi, per donarsi, collaborando con i propri simili. Per l'ISC, come l'uomo e la donna sono ordinati a vivere in società, al fine di essere maggiormente se stessi mediante comunione e condivisione, nonché mediante il dono di sé e la collaborazione, così la società, sia essa quella familiare o quella politica o quella intermedia, è ordinata a perfezionare l'uomo e la donna e a consentire loro di essere pienamente se stessi. In altre parole, per l'ISC, la persona e la società vanno concepite e realizzate su un piano di mutua correlazione, di mutua ordinazione e di mutua solidarietà. In breve, la persona per crescere è chiamata a costituire società, ad essere «solidale» con queste, con il loro fine proprio, ossia con il bene comune di ognuna di esse: è chiamata, cioè, a collaborare con gli altri affinché il fine di ogni società costituita sia effettivamente raggiunto. Per un altro verso, la società, per essere di aiuto alla crescita in pienezza delle persone, è chiamata ad essere, a sua volta, «solidale» con queste.

Per l'ISC, dunque, la solidarietà vuole ed impone la collaborazione di tutti nella realizzazione del bene comune, perché solo per questa via la società può essere solidale con tutti i suoi componenti.

In quanto tale, la solidarietà esige e tutela gli interessi del bene comune; richiede, perciò, una «certa» subordinazione dei singoli individui - e dei vari gruppi sociali, nel caso della società politica - al bene comune. Si tratta di subordinazione e non di strumentalizzazione. Si tratta di subordinazione in quanto ci si riferisce alle «parti» di questa o quella società, non si tratta di subordinazione con tutte le proprie finalità, giacché le persone trascendono la società familiare, le società intermedie e la società politica, nazionale e mondiale.

Per bene comune si deve intendere, secondo la GS, «l'insieme di quelle condizioni della vita sociale che permettono ai gruppi, come ai singoli membri, di raggiungere la propria perfezione più pienamente e più speditamente» (GS, n. 26). Una perfezione concernente sia l'ordine corporeo che spirituale.

Approntare simili condizioni di vita significa «che siano rese accessibili all'uomo tutte quelle cose che sono necessarie a condurre una vita veramente umana, come il vitto, il vestito, l'abitazione, il diritto a scegliersi liberamente lo stato di vita e a fondare una famiglia, all'educazione, al lavoro, al buon nome, al rispetto, alla necessaria informazione, alla possibilità di agire secondo il retto dettato della sua coscienza, alla salvaguardia della vita privata e alla giusta libertà anche in campo religioso» (GS, n. 26).

La SRS individua per i singoli, per i gruppi sociali, i doveri di solidarietà e di subordinazione al bene comune in questi termini: «L'esercizio della solidarietà all'interno di ogni società è valido, quando i suoi componenti si riconoscono tra di loro come persone. Coloro che contano di più, disponendo di una porzione più grande di beni e di servizi comuni, si sentano responsabili dei più deboli e siano disposti a condividere quanto possiedono. I più deboli, da parte loro, nella stessa linea di solidarietà, non adottino un atteggiamento puramente passivo o distruttivo del tessuto sociale, ma, pur rivendicando i loro legittimi diritti, facciano quanto loro spetta per il bene di tutti. I gruppi intermedi, a loro volta, non insistano egoisticamente nel loro particolare interesse, ma rispettino gli interessi degli altri» (SRS, n. 39).

Riferendosi alle relazioni internazionali, afferma: «L'interdipendenza deve trasformarsi in solidarietà, fondata sul principio che i beni della creazione sono destinati a tutti: ciò che l'industria umana produce con la lavorazione della materie prime, con il contributo del lavoro, deve servire ugualmente al bene di tutti. Superando gli imperialismi di ogni tipo e i propositi di conservare la propria egemonia, le Nazioni più forti e più dotate debbono sentirsi moralmente responsabili delle altre, affinché sia instaurato un vero sistema internazionale, che si regga sul fondamento dell'uguaglianza di tutti i popoli e sul necessario rispetto delle loro legittime differenze. I Paesi economicamente più deboli, o rimasti al limite della sopravvivenza, con l'assistenza degli altri popoli e della comunità internazionale, debbono essere messi in grado di dare anch'essi un contributo al bene comune con i loro tesori di umanità e di cultura, che altrimenti andrebbero perduti per sempre» (ib.).

È anche da rilevare che, secondo l'ISC, la solidarietà, che esige la realizzazione del bene comune difendendone e promuovendone i «diritti», comanda l'apertura *universalistica* del bene comune. Poiché la solidarietà è intrinsecamente «solidarietà verso tutti» - tutti si è responsabili di tutti - il bene comune ad essa correlato è *bene di tutti*, di *ogni* uomo, di *tutto* l'uomo, e non bene di pochi o della maggioranza.

La nozione di bene comune, che è proposta dall'ISC, non si identifica, dunque, né con la nozione dei neoliberisti (il bene comune è un impreciso bene *generale* che, a conti fatti, si identifica con l'interesse dei singoli individui e, in particolare, con l'interesse di pochi, i più forti), né con la nozione dei neoutilitaristi (il bene comune è il bene della maggior parte dei cittadini) né con la nozione dei collettivisti (il bene comune è il bene della collettività sostanzializzata)[12].

Da ultimo, va osservato che nell'ISC le nozioni di solidarietà e di bene comune, come illustrate precedentemente, sono legate inscindibilmente, postulandola e invocandola all'interno di una visione della *politica* intesa sia come *servizio esteso a tutti* e non a pochi clienti o amici, sia come *momento di sintesi* delle istanze emergenti dalla base sociale, non solo dai più forti ed organizzati, ma anche da chi non ha voce per farsi sentire.

L'educazione alla solidarietà deve andare, dunque, di pari passo con: a) l'educazione al *primato del bene comune*, come bene di tutti, di *ogni* uomo e di *ogni* popolo; b) l'educazione alla politica come *servizio di tutti* e come *capacità di progettualità* più allargata, rispondente alle esigenze di tutti e di ciascuno; c) l'educazione al superamento della «democrazia dei due terzi», dei particolarismi e dei neocorporativismi, quali i localismi, i municipalismi, i regionalismi e i nazionalismi.

La società politica, per l'ISC, deve mostrarsi *solidale* nei confronti delle persone innalzando uno Stato *personalista, democratico, sociale, pluralista, sanamente laico,*[13] in particolare, innalzando uno Stato di giustizia sociale, di sicurezza sociale per tutti, di programmazione globale (non totale), di sviluppo all'interno di una comunità mondiale di sviluppo plenario. Con ciò l'educazione alla solidarietà si arricchisce, per se stessa, di altri capitoli: educazione alla promozione e alla difesa dei diritti umani e dei doveri, educazione alla vita democratica, partecipativa e non partecipatoria; educazione alla giustizia sociale e alla lotta per essa (cf LE, n. 20); educazione al dialogo e alla collaborazione su un piano di pari dignità, senza ingenui irenismi e senza richiesta di privilegi; educazione alla libertà religiosa, che è di più di un'educazione alla tolleranza del credo altrui; educazione allo sviluppo plenario e alla mondialità.

Solidarietà e sussidiarietà

Nell'ISC il principio di solidarietà è legato strettamente con il principio di sussidiarietà. Si può, anzi, dire che per l'ISC il principio di sussidiarietà è compreso nel principio di solidarietà come un'articolazione e una sua esplicitazione. Difatti, la giustificazione del principio di sussidiarietà risiede, anch'essa, nelle radici dell'esigenza di solidarietà dell'uomo la sua indigenza e la sua ricchezza, che sono vissute sulla base dell'individualità e della *personalità*, ossia dell'autonomia, della libertà e della responsabilità.

Il principio di sussidiarietà si fonda su questo fatto precipuo. La sussidiarietà, per conseguenza, non solo dice che la società deve essere solidale o deve dare aiuto alle persone e ai gruppi, ma dice anche che la società deve realizzare la sua solidarietà in *modo che* questi vengano rispettati nella loro *libertà* ed *autonomia* e, nello stesso tempo, siano incentivati a dare il massimo del loro apporto al bene comune mediante *autopromozione* e *autorganizzazione*.

La formulazione classica del principio di sussidiarietà si trova nella *Quadragesimo anno* (=QA) di Pio XI e suona così: «Non è lecito togliere agli individui ciò che essi possono compiere con le forze e l'industria propria, per affidarlo alla comunità. Così, è ingiusto rimettere ad una maggiore e più alta società ciò che in quelle minori si può fare» (QA, n. 80).

Una tale formulazione è stata sviluppata e integrata dalle successive encicliche sociali.

Ciò che merita essere sottolineato e approfondito, specie nell'attuale contesto di crisi dello Stato del benessere, è che il principio di sussidiarietà, secondo l'ISC, è orientato a facilitare e a propiziare la realizzazione di uno Stato sociale, che avvalendosi dello stesso intervento statale, non mortifica i «mondi vitali», ma li sorregge, li coordina, li integra, quando siano sproporzionati rispetto a determinati obiettivi di bene comune, li supplisce, se è il caso, sempre con *l'intento primario* di suscitare le loro iniziative e di favorirle. Detto diversamente, il principio di sussidiarietà è formulato e riproposto più volte dall'ISC perché si realizzi, più che un *Welfare State*, una *Welfare society* al riparo da eccessivi accentramenti statali, da pianificazioni totali e da sicurismi ad oltranza.

Non è un caso, allora, se la CA, di fronte alla crisi dello Stato del benessere contemporaneo, ribadisce la necessità di una corretta interpretazione ed applicazione del principio di sussidiarietà.

Lo Stato del benessere, nella sua fattispecie di Stato assistenziale, secondo Giovanni Paolo II, è degenerato. Lo Stato assistenziale, che inizialmente, tramite un più allargato intervento statale, è riuscito a porre rimedio a forme di povertà e di privazione indegne della persona umana (cf CA, n. 48), è, gradualmente, diventato «Stato assistenzialistico». Fra le cause del suo deterioramento, che lo portano ad essere Stato invadente, mortificatore della società civile e deresponsabilizzante, la CA pone sia l'eccesso di intervento dell'autorità politica sia l'errata interpretazione dei compiti dello Stato e del principio di sussidiarietà. Quali, allora, le vie per risolvere la crisi dello Stato del benessere, contrassegnato dallo spreco cioè dalla non valorizzazione delle energie umane, dal sovraccarico di burocrazia, da inefficienze nella prestazione di servizi e dell'assistenza?

Complessivamente, la soluzione alla crisi dello Stato del benessere, secondo la CA, va trovata passando dallo Stato assistenzialistico - Stato inefficiente, discriminatorio e deresponsabilizzante - a uno Stato che continua ad essere solidale nei confronti dei cittadini e che attua in modo più rigoroso il principio di sussidiarietà. Passando, cioè ad uno Stato sociale che, mentre garantisce un sistema efficace e mirato di previdenza e di sicurezza sociale per tutti, consente, alla società civile - non solo per motivi di opportunità e di funzionalità, ma soprattutto perché essa ne è la prima responsabile - di esprimere al meglio le proprie risorse di solidarietà, di gratuità e di inventiva creatrice; anzi, la mette in condizione di esplicarle. Là dove - sembra suggerire Giovanni Paolo II - la società civile, di fatto e di diritto, è maggiormente proporzionata nel rispondere ai bisogni dell'uomo - il quale non può essere ridotto a semplice «oggetto» di assistenza statale - lo Stato, più che operare direttamente invadendo competenze altrui o sostituendosi indebitamente alle responsabilità dei vari soggetti sociali - singoli privati, volontari, famiglia, società intermedie, Chiese, ecc. - ha il compito di incoraggiarne, stimolarne, sostenerne attività ed iniziative, assegnando risorse, coordinando gli sforzi, intervenendo con proprie istituzioni solo quando, per motivi particolari, i singoli o i gruppi sociali sono manifestamente e intrinsecamente inferiori al loro compito.

Nel contesto di questo discorso Giovanni Paolo II si ferma soprattutto a considerare il caso della famiglia, che dallo Stato assistenzialistico è penalizzata e non adeguatamente valorizzata in tutte le sue risorse e potenzialità di lavoro e di solidarietà. Ad essa, anche quando decide di corrispondere alla propria vocazione, non sono sempre offerti sufficiente appoggio e le risorse necessarie. Di qui la proposta del pontefice: è urgente promuovere non solo politiche per la famiglia, ma anche politiche sociali, che abbiano come principale obiettivo la famiglia stessa, aiutandola, mediante l'assegnazione di adeguate risorse e di efficienti strumenti di sostegno, sia nell'educazione dei figli sia nella cura degli anziani, evitando il loro allontanamento dal nucleo familiare e rinsaldando i rapporti tra le generazioni» (CA, n. 49).

In breve, dai cenni sulla crisi dello Stato del benessere e sulle vie di soluzione proposte, nonché da quanto detto circa l'intervento dello Stato nell'economia - Giovanni Paolo II, fra l'altro, parla di intervento volto a garantire sicurezza di svolgimento all'attività economica, suggerisce indirettamente una prudente politica del credito e della finanza, orientata a favorire lo sviluppo dell'imprenditorialità o ad irrobustire quella che c'è già (cf CA, n. 48) - risulta che non si tratta di abbattere o di smantellare lo Stato sociale. Dopo gli errori dello Stato del benessere, dopo i clientelismi, i particolarismi, gli sperperi del denaro pubblico, dopo i rubalizi, che hanno finito per avvantaggiare solo i più forti e i più organizzati, si tratterà semmai di recuperare l'ideale originario dello Stato sociale e di realizzarlo autenticamente, specie a favore dei più poveri. Si tratterà, allora, di imboccare la via delle riforme profonde e graduali, ritrovando il senso autentico dello Stato e del suo intervento, accrescendo la «soggettività» della società civile, senza rinunciare a programmi sociali e senza instaurare uno «Stato minimo»[14].

Venendo ad applicare al campo pedagogico quanto fin qui esposto, educare alla solidarietà, secondo l'lSC, significa, dunque, educare anche al principio della sussidiarietà. Educare al principio di sussidiarietà, a sua volta, vuol dire impegnarsi ad educare al primato del sociale *sul politico*, alla «soggettività» della società civile, alla «cittadinanza sostanziale».

Più in particolare, impegnarsi ad educare al volontariato, alla cooperazione, all'autorganizzazione e all'autopromozione, alla partecipazione sociale e politica. Per tale via si contribuirà a rinforzare l'apporto sia delle società primarie, quali la società religiosa, la società familiare, sia dei corpi intermedi e di altre associazioni libere.

Inoltre, si incoraggerà a rendere più numerose le espressioni politiche della socialità, quale tessuto connettivo fra società politica e società civile, perché la politica sia realmente partecipazione attiva e responsabile dei cittadini.

Solidarietà ed efficienza

È un luogo abbastanza comune ritenere che la solidarietà si contrapponga all'efficienza; forse, perché la prima appare costruita sulla base dell'interpersonalità e la seconda appare imperniata su logiche ferree e impersonali. Probabilmente, anche per questo, più volte si è accusato l'ISC tenace sostenitore - della solidarietà, di blando socialismo di solidarismo assistenzialistico e caritativo - di essere complice di quiescenti passività e di facili deresponsabilizzazioni, di essere più preoccupato della distribuzione della ricchezza che della sua produzione, nonché di farsi portatore di una concezione arcaica dell'economia, quella «a somma zero». In realtà, per l'ISC, dalla RN in poi, la solidarietà non ha mai voluto significare tutto ciò. È, invece, convincimento profondo dell'ISC che la solidarietà e la morale in genere non sono di impedimento all'efficienza intesa in senso generale, ossia alla realizzazione effettiva del fine proprio di ogni scienza e di ogni attività umana particolare. Venendo al campo dell'economia si deve dire che, secondo l'ISC, tra opzioni morali e incentivi materiali, tra solidarietà e sana competizione non esiste necessariamente conflittualità. Tutto il contrario. Piuttosto, la solidarietà e l'etica incoraggiano l'efficienza economica, la competizione entro giusti limiti, lo sviluppo economico, postulandoli e sostenendoli. Secondo l'ISC l'efficienza vera, quella *umanistica* ed *umanizzatrice*, la concorrenza utile al mercato e allo sviluppo, sono compromesse quando non vi sia l'adempimento delle norme etiche. Ciò che, d'altra parte, è stato in vario modo riconosciuto, in un passato abbastanza recente, da alcuni economisti come E. F. Schumacher, E. J. Mishan, A. Peccei[15], e, più vicino a noi, da A. Sen[16]. Per l'ISC la solidarietà e l'etica corrispettiva non possono andare a braccetto né con l'efficientismo antiumano, né con assistenzialismi sciuponi e deresponsabilizzanti sia a livello nazionale sia a livello internazionale, né con concezioni arcaiche dell'economia, né con spese pubbliche meramente e sistematicamente improduttive. Difatti, la solidarietà e l'etica corrispondente sono intrinsecamente correlate, come si è in parte già visto, con l'*etica della responsabilità* - responsabilità verso se stessi, verso *ogni* uomo, verso *tutto* l'uomo - e con l'*etica della Carità*: vivere la solidarietà è essere tutti responsabili di tutti, è amare gli altri, la loro crescita, fino a perdere la propria vita, sull'esempio di Gesù Cristo.

In altri termini, la solidarietà non può tollerare che si vada contro il *bene globale* dei singoli uomini e dei popoli, un bene che richiede, fra l'altro, adeguato sviluppo economico, programmazione a livello nazionale ed internazionale, superamento di nazionalismi e di protezionismi, maggior cooperazione internazionale su un piano di parità, in materia economica, commerciale, finanziaria, sistemi di previdenza e di sicurezza sociale garantiti sì dallo Stato per un minimo di vita decorosa per tutti, ma incentrati prevalentemente sulle persone, sulla loro responsabilità, e non su meccanismi automatici. Basterebbe prendere in mano la più volte citata GS per rendersene conto. Nella GS l'aiuto solidale dei Paesi ricchi ai Paesi poveri deve essere prestato non in qualsiasi maniera. Secondo la GS occorre superare terzomondismi di bassa lega, quelle prassi assistenzialistiche, piuttosto comuni, che non spezzano lo schema di azione e di rapporti propri del vecchio e del nuovo colonialismo: lo schema dell'oppresso-oppressore, del dominato-dominatore, dell'inferiore-superiore. L'aiuto solidale dei Paesi più ricchi deve essere offerto con lo scopo di liberare dal bisogno, dall'alienazione e dalla dipendenza passiva, facendo soprattutto leva sulle «risorse» interne dei Paesi più poveri, sulla loro *self-reliance* (cf GS, nn. 85-86)[17]. Nella PP, poi, le virtù della solidarietà e della carità, assieme alla virtù della giustizia sociale, sono i pilastri su cui si devono fondare l'aiuto e l'assistenza più proporzionati e più adeguati ai Paesi più poveri. La virtù della solidarietà e della carità non possono, allora, essere, in alcun modo, serrate entro gli stretti confini dell'assistenza caritativa e della beneficenza. Per la PP tali virtù non solo sospingono a condividere quello che si ha, ma sono la forza propulsiva interna di ogni vero progresso economico, di ogni aiuto o assistenza efficaci, di ogni loro programmazione ben pensata: esse accrescono la fantasia e l'inventiva, stimolano all'imprenditorialità, ad impiegare, nel migliore dei modi, risorse finanziarie, commerciali, organizzative, morali e culturali (cf PP, nn. 43-75). In particolare, la PP non le propone come principi-virtù a sostituzione delle teorie economiche, i cui compiti sono quelli di analizzare le tendenze evolutive e individuare le cause degli squilibri, i mezzi alternativi di correzione e i loro effetti nel tempo; e, nemmeno, a sostituzione dell'attività economica, il cui compito rimane quello di produrre, sempre più e sempre meglio, con il minor dispendio di energie umane e materiali, beni e servizi. Li propone quali principi animatori e informatori dell'efficienza economica, del profitto, della concorrenza, dell'iniziativa privata, pubblica, semipubblica, sociale[18]: elementi tutti da intendersi e da valorizzare in un senso inequivocabilmente umanistico ed umanizzatore.

Se, poi, si legge la CA si troverà che lo sviluppo solidale dei popoli non può assolutamente fare a meno di una particolare attenzione agli elementi e all'etica di un'*economia dell'imprenditorialità e della responsabilità*[19]. Un aiuto solidale autentico ed efficace ai Paesi più poveri o in via di sviluppo comporta che si permetta a questi di accedere ai beni della conoscenza, della tecnica e del sapere (cf CA, capitolo IV). L'educazione alla solidarietà sarà, dunque, anche educazione alla solidarietà dell'efficienza umanisticamente qualificata. Educazione all'efficienza «tecnica» ed umanistica: dell'economia, dell'imprenditorialità, dell'ampliamento della ricchezza e della moltiplicazione delle risorse, del progresso, dell'assistenza e dell'aiuto internazionali ai Paesi più poveri, dei sistemi di previdenza e di sicurezza sociale, delle politiche sociali e del lavoro.

don Mario Toso
Docente Pontificia Università Salesiana di Roma

Note

1 Cf GIOVANNI PAOLO II, *Sollicitudo rei socialis in I documenti sociali della Chiesa*, Libreria Editrice Vaticana, Città del Vaticano 1991, n. 41. D'ora in avanti per la numerazione delle varie encicliche che si citeranno si farà riferimento a questa raccolta. I testi originali delle encicliche sociali si possono reperire negli «Acta Sanctae Sedis» (=ASS) per il periodo che va dal 1865-1866 al 1908, e negli «Acta Apostolicae Sedis» (=AAS) per il periodo che va dal 1908 ad oggi.

2 Cf TOSO M., *Dottrina sociale della Chiesa e nuova evangelizzazione*, in «Aggiornamenti sociali» n. 42, 1991, pp. 41-44.

3 cf ACHERMAN B.A., *Social Justice in the Liberal State*, Yale University Press, New Haven 1980, tr. it.: *La giustizia sociale nello stato liberale*, Il Mulino, Bologna 1984.

4 IB., p. 453

5 HAYEK F. A., LAW, *Legislation and Liberty, University of Chicago Press*, Chicago 1973, vol. 2, tr. it.: *Legge, legislazione e libertà*, Il Saggiatore, Milano 1986, p. 361.

6 Cf CONGREGAZIONE PER L'EDUCAZIONE CATTOLICA, *Orientamenti per lo studio e l'insegnamento della dottrina sociale della Chiesa nella formazione sacerdotale*, EDB, Bologna 1989, p. 25 e p. 28.

7 Cf GIOVANNI XXIII *Mater et magistra* in AAS 53(1961),p. 454; PAOLO VI, *Octogesima adveniens* in AAS 63 (1971) n. 4, p. 403.

8 Cf TOSO M., *Prospettive conciliari e modi di presenza dei cristiani nella «Laborem exercens»* in «Salesianum» 44 (1982), pp. 293-312, specie pp. 306-309.

9 Cf anche *Gaudium et spes* in «Enchiridion Vaticanum», EDB, Bologna 1971, 9a edizione, n. 25.

10 I singoli devono considerare il prossimo, nessuno eccettuato, come un altro se stesso, tenendo conto della sua vita e dei mezzi necessari per viverla degnamente, per non imitare quel ricco che non ebbe cura del povero Lazzaro. Soprattutto oggi urge l'obbligo che diventiamo generosamente prossimi di ogni uomo, e rendiamo servizio con i fatti a colui che ci passa accanto, vecchio da tutti abbandonato, o lavoratore straniero ingiustamente disprezzato, o emigrante, o fanciullo nato da un'unione illegittima, che patisce immeritatamente per un peccato da lui non commesso, o affamato che richiama la nostra coscienza, rievocando la voce del Signore: "Quanto avete fatto ad uno di questi miei fratelli più piccoli, l'avete fatto a me" (Mt 25,40)» (GS n. 27).

11 La «solidarietà» della Trinità, se così si può dire, non ha bisogno di mediazioni esterne al proprio essere divino per mostrare a ciascuna persona l'amore dell'altra. Non così avviene per la solidarietà umana, che ha bisogno di mediazioni per incarnarsi (cf ANTONCICH R.-MUNARRIZ J.M., *La dottrina sociale della Chiesa*, Ediciones Paulinas, Madrid 1987, p. 8).

12 Un raffronto tra le esigenze del bene comune come prospettato dall'ISC e le istanze del neocontrattualismo e del neoliberismo contemporanei si può trovare in: ARDIGO' A., *Bene comune e governo dell'economia: oltre il neo-contrattualismo e il neoliberismo* in AA.VV., *Etica e democrazia economica*, a cura di CREPALDI G. E PAPINI R., Marietti, Genova 1990, pp. 113121.

Per l'utilitarismo e il neoutilitarismo, specie con riferimento all'ambito economico, si veda la raccolta di studi: *Utilitarismo e oltre*, a cura di SEN A. e WILLIAMS B., Il Saggiatore, Milano 1985. Ma si vedano anche: PONTARA G., *Filosofia pratica*, Il Saggiatore, Milano 1988 parte terza; MUSACCHIO E., *Indirizzi dell'utilitarismo contemporaneo*, Cappelli, Bologna 1981; *Utilitarismo oggi*, a cura di LECALDANO E. e VECA S., Laterza, Bari 1986; HARSANJI J., *L'utilitarismo*, 11 Saggiatore, Milano 1988.

Per un inquadramento sul neoliberismo si veda: DAHRENDORF R., *Per un nuovo liberalismo*, Laterza, Bari 1988.

13 Per l'illustrazione di queste qualifiche cf TOSO M., *Chiesa e Welfare State. Il magistero sociale dei Papi di fronte alla crisi dello stato del benessere*, Las, Roma 1987, pp. 120-133.

14 Cf NOZICK R., *Anarchia, Stato e utopia. I fondamenti dello «Stato minimo»*, Le Monnier, Firenze 1981.

15 Cf SCHUMACHER E. F., *Small is Beautiful. A Study of Economics as if People Mattered*, Blond & Briggs, London 1973, tr. it.: *Il piccolo è bello: una tecnologia dal volto umano*, Moizzi, Milano 1978; MISHAN E. J., *The Costs of Economic Growth*, Staples, London 1976, tr. it.: *Il costo dello sviluppo economico*, Angeli, Milano 1976; PECCEI A., *Quale futuro?*, Mondadori, Milano 1976.

16 Cf SEN A., *On Ethics and economics*, Basil Blackwell, Oxford 1987, tr. it.: *Etica ed economia*, Laterza, Roma-Bari 1988.

17 Un approfondimento del concetto di self-reliance, che pone in risalto anche il contributo proveniente dall'ISC per la sua elaborazione, è quello di HECKEL R., *Self-reliance: contare sulle proprie forze*, Pontificia Commissione «Iustitia et pax», Città del Vaticano 1978.

18 Cf TOSO M., *Chiesa e Welfare State, Il magistero sociale dei Papi di fronte alla crisi dello stato del benessere*, Las, Roma 1987, pp. 104-105.

19 Cf ID., *La «Centesimus Annus». Aspetti teologici, etici, sociali e pedagogici* in «Ricerche teologiche» n. 3, 1992, pp. 341-371, specie pp. 353-356.

L'IMPEGNO SOCIALE E POLITICO DEI CREDENTI

Il nostro tempo, con le rapide trasformazioni che ne stanno caratterizzando gli aspetti fondamentali, costituisce una sfida alla coerenza dei cristiani di questa epoca: il valore del primato della coscienza sfidato dall'individualismo più sfrenato; la scelta di una fede matura e consapevole, non più devozionale, esteriore e superficiale, sfidata dalla irrazionale diffusione delle nuove superstizioni e dei nuovi riti e miti di massa esaltati dai mass-media; i valori della laicità e della responsabilità dei cristiani nella politica e nel sociale sfidati dalla prassi della «messa in parentesi della fede» a vantaggio della esaltazione dei soli valori temporali e terrestri da un lato e dai ricorrenti integralismi dall'altro.

Il difficile equilibrio tra fede e storia, tra intima adesione a Gesù Risorto e pubblica testimonianza della fede professata, tra individuale colloquio con Dio e collettiva manifestazione della presenza dei valori cristiani nella città terrena, resta il passaggio obbligato e tormentato dell'itinerario del credente nel mondo. In quali modi «i cristiani svolgono nel mondo la stessa funzione dell'anima nel corpo», sapendo che «l'anima abita nel corpo, ma non è del corpo; anche i cristiani abitano nel mondo, ma non sono del mondo»? (A Diogneto VI 1,3).

Si tratta da un lato di riscoprire stili di vita personali e comunitari capaci di contrassegnare nel mondo le possibilità che i laici riconosciuti cristiani dagli atti compiuti, contribuiscano per la parte che ad essi spetta a diffondere la Buona Novella. Infatti il processo di secolarizzazione, al di là dei significati più generali, ha caricato di grande responsabilità ogni atto di testimonianza ed evangelizzazione compiuto al di fuori dei canali ordinari della catechesi, dato che la frequenza ai «luoghi» in cui si annuncia la Parola (Sacramenti, comunità ecclesiali, ecc.) riguarda una minoranza della popolazione italiana.

Dall'altro lato si tratta di misurare, in una società fortemente connotata dai processi di massa, la più generale efficacia della presenza comunitaria e pubblica del laicato cristiano.

La *Gaudium et Spes* ha chiarito indelebilmente che «la missione della Chiesa è di ordine religioso e come tale non si confonde con gli interessi di alcuna parte politica» (n. 3), e che quindi «in linea di principio dall'unica fede non derivano necessariamente identiche scelte politiche» (n. 7). La salvezza dunque non viene dalla politica, né alcuna opzione politica può costituire una discriminante all'interno della comunità ecclesiale. Occorre però al tempo stesso sottolineare come la professione di fede non possa essere ridotta a fatto meramente e sterilmente privato e individualistico, esteriormente rituale, ma comunque deve divenire motore fecondo della storia, manifestazione di solidarietà per gli uomini ed in specie per gli ultimi, vittoria sull'indifferenza colpevole per la sorte del prossimo, testimonianza della carità. Nel Vangelo di S. Luca è scritto che Gesù entrò nella sinagoga di Nazareth e nel volume del profeta Isaia «trovò il passo dove era scritto: "Lo Spirito del Signore è su di me, per questo egli mi ha unto, per annunziare la buona novella ai poveri; mi ha inviato a guarire quelli che hanno il cuore contrito, ad annunziare ai prigionieri la libertà, a restituire ai ciechi la vista, a rendere liberi gli oppressi, a proclamare l'anno di grazia del Signore"».

Un cristiano non può ardire di «proclamare l'anno di grazia del Signore» se prima non ha operato efficacemente nella città terrena, ma al tempo stesso non gli vale nulla «liberare gli oppressi» se non ha finalizzato tutto all'annuncio dei «cieli nuovi e della terra nuova», cioè del Regno di Dio dove trionfa una Giustizia che non è tarata dalle imperfezioni della "giustizia" che si può conseguire nella città terrena. La salvezza non viene dunque dalla politica, ma passa anche attraverso le strade della politica, dell'impegno sociale, del rendere presente nella storia la fecondità dell'essere cristiani.

I fedeli laici sono chiamati a rendere manifesta anche la vocazione sociale della comunità dei credenti. Henri De Lubac ha scritto che «il cattolicesimo è essenzialmente sociale», «sociale a tal punto che avrebbe dovuto sempre apparire un pleonasmo l'espressione del *cattolicesimo sociale*».

E' vero invece che in concreto non tutte le scelte sono compatibili con la fede e con la visione dell'uomo e della società che dalla fede scaturisce. La fede può ispirare più di un progetto politico e ciò è altra cosa che affermare, come oggi si tende a fare, che non possa ispirarne nessuno. Gli irreversibili principi della laicità e del pluralismo delle opzioni politiche non possono in alcun modo significare silenzio o neutralità nelle questioni in cui sono in gioco il bene comune, i diritti e i doveri della persona umana, i valori morali e religiosi, come ricordano spesso il Pontefice e l'Episcopato italiano, con riferimento espresso alla *Gaudium et Spes*.

Ma come rendere storicamente visibile tutto ciò? Le strade che legittimamente ciascun cristiano sceglie per testimoniare nella città terrena la fede comune devono essere private, individuali, di piccoli gruppi e in definitiva «socialmente» nascoste? Occorre invece riaffermare che, qualunque sia l'opzione politica compiuta, appare chiaro che essa deve rendere visibile nella storia la fecondità del messaggio cristiano. La storia del cattolicesimo contemporaneo è ricca di testimonianze di un cammino lento, travagliato, faticoso, talvolta anche osteggiato e non subito compreso, con cui è andata formandosi, non solo in Italia, ma in tutta Europa e nel mondo intero quella realtà storica significativa che è il movimento cattolico. Il movimento cattolico, seguendo le strade della laicità, e rispettando le regole della città terrena, senza confondere spirituale e temporale, ha dato testimonianza di un modo particolare di rendere concretamente visibile la presenza dei cristiani nella città, un modo collettivo e non individuale, cristianamente ispirato ma laîco. Non privo di indegnità e di tradimenti, certo, spesso inquinato da opportunismi, ricerca esclusiva di vantaggi personali, ambizioni di carriera; ma ciò accade perché anche questo ambito di azione è soggetto al peccato come ogni opera dell'uomo, e ciò non compromette l'esperienza collettiva. Naturalmente ciò non deve significare nella comunità ecclesiale una minore dignità di quei credenti che ritengano invece di non manifestare la propria coerenza di fede attraverso le forme storiche del movimento cattolico. Purché la testimonianza sia comunque visibile anche nelle forme alternative prescelte.

Le scelte, sempre in omaggio alla laicità e al pluralismo delle opzioni politiche, vanno pertanto compiute di volta in volta, a seconda delle situazioni storiche (le vicende del movimento cattolico francese o spagnolo hanno seguito strade diverse rispetto a quelle seguite dal movimento cattolico italiano).

La Chiesa, «esperta di umanità», secondo l'illuminante espressione del Concilio e di Paolo VI, non può disinteressarsi del bene del Paese e delle difficoltà e speranze della nostra gente. E' la storia, poi, ad indicare gli strumenti concreti ed i modi. Uno strumento presente oggi nella vicenda politica e sociale può non esserci domani, e viceversa. Conta che vi sia un modo visibile di testimoniare che non tutte le scelte sono compatibili con la fede, e questo modo non può essere segreto, clandestino, ma tale da rendere manifesta la presenza dei cristiani nella città terrena. Nella Chiesa «esperta di umanità» i laici devono essere essi stessi esperti dell'umanità di cui fanno parte. Essere «esperti», vuol dire aver «esperito», aver «fatto esperienza» del mondo, di ciò che attende di essere animato, «salato», pervaso senza aggressioni o contrapposizioni.

E questo si dimostra tanto più storicamente necessario ora che, come in questi ultimi tempi hanno ricordato più volte i Vescovi, nella società italiana si sono verificate le chiusure che purtroppo esistono in molte forze politiche, sociali e culturali nei confronti di essenziali valori cristiani e umani. Chi si stupisce e contesta la possibilità che la Chiesa italiana riaffermi la fedeltà ai valori cristiani spesso coincide con chi rimprovera alla Chiesa di non avere in altri contesti atteggiamenti più scopertamente politici quando ciò sembri coincidere con interessi di parti storicamente alternative al movimento cattolico. In realtà appare evidente una scoperta intenzione di intendere il processo di secolarizzazione come favorevole alla definitiva liquidazione del movimento cattolico.

Certo la presenza dei cristiani impegnati nel temporale deve essere una garanzia di competenza, di moralità, di chiarezza, perché il principio della laicità della politica non può significare indifferenza o svalutazione dell'etica. Non può significare perché tutto quello che si fa per difendere l'uomo non deve essere scambiato per il trionfo *dell'uomo*. A nulla vale la storia della presenza dei cristiani nella città se non si ha costantemente la consapevolezza che tutto ciò è effimero se non viene saldato alla ricerca del Regno. I cristiani «abitano nella propria patria ma come stranieri, partecipano a tutto come cittadini, e tutto sopportano come forestieri... Sono nella carne, ma non vivono secondo la carne. Dimorano sulla terra, ma sono cittadini del cielo» (A Diogneto IV, 5,8,9).

Giuseppe Acocella
Docente storia dottrine politiche
Università di Napoli

VALORI E CARATTERISTICHE DEL VOLONTARIATO OGGI

Contro i «visconti dimezzati»

Nel nostro Paese il crescere del dialogo, del pluralismo, della tolleranza consente oggi sia di vivere un clima di sostanziale democrazia favorevole all'auto-sviluppo senza conflitti del volontariato, sia il costante riavvicinamento fra gruppi che hanno matrici culturali e tradizioni storiche notevolmente differenziate. Prevalgono ormai i motivi di *cammino e servizio comune all'uomo* su tutti gli altri aspetti, da non sottovalutare, ma ai quali attribuire un ruolo secondario, nella storia del volontariato.

C'è però un punto di partenza che costituisce una sorta di *pregiudiziale* per poter affermare che siamo in presenza di un *credibile volontario*, indipendentemente dalle valutazioni e dalle priorità che egli attribuisce a questo o a quel valore. Occorre parlarne subito, anche con riferimento a certi ambigui atteggiamenti del volontariato anteriore agli anni '70.

La pregiudiziale è questa. Se accettiamo l'insegnamento e ancor più l'esperienza sapienziale di H. Erikson, che dichiara *adulto* soltanto l'uomo capace di aver cura di sé, dell'altro e dell'ambiente, questi tre atteggiamenti vitali ci consentono di definire come *volontario moderno* soltanto chi esprime questo suo permanente modo di essere sia nel pubblico che nel privato e non chi ha un'etica dimezzata, schizofrenica, in ultima analisi falsa. Per esempio un cittadino che durante tutta la sua giornata professionale si comporta senza alcuna solidarietà. Anzi se può si serve del prossimo, lo strumentalizza; non ha corretti rapporti di lavoro né relazionali con i suoi colleghi.

Questa stessa persona - uscita dall'ufficio - si trasforma. Diventa nella sua associazione, o nel circolo di volontariato, l'immagine della solidarietà; assume l'atteggiamento e l'impegno del volontario ideale. Proprio lui che ha lesinato fino a quel momento sulla giusta retribuzione dovuta ai suoi operai: ora si presenta al mondo della azione gratuita per programmare un intervento magari a favore dei nomadi! Volontari di tale tipo sembrano immedesimare un famoso personaggio di Italo Calvino: «Il visconte dimezzato».

Queste figure non immaginarie, ma reali riteniamo siano state, nel tempo una delle cause di maggiore discredito del nostro lavoro, della sua non credibilità: frutto di un'etica ambigua che troppe volte è stata tollerata o giustificata, affermando che «altro è il pubblico, altro è il privato».

Può dunque essere definito oggi volontario - a nostro avviso - soltanto chi, prima di realizzare l'azione gratuita che ha liberamente scelta, ispira tutta la sua giornata ad *un'etica unitaria di solidarietà*.

Una persona adulta come tante

Occorre però assolutamente evitare che la descrizione di una serie di valori, che è facile riscontrare come patrimonio talora comune, talora diversificato dei volontari, ingeneri l'idea di trovarsi dinanzi alla figura di un uomo superiore difficilmente imitabile, appartenente ad una élite culturale ed etica del Paese. *Sarebbe il peggior servizio reso ai volontari* e alla speranza di mobilitare il maggior numero possibile di cittadini.

Occorre anzitutto notare come molte delle caratteristiche e dei valori qui indicati non siano monopolio dell'azione gratuita, ma appartengano al modo comune di sentire di una ben più larga opinione pubblica. I movimenti di volontariato le sottolineano nei processi formativi, perché ne avvertono tutta la portata liberatoria e la ricchezza di idee-forza, per superare il puro assistenzialismo. In secondo luogo l'aver individuato e apprezzato una serie di valori, che ci sono sembrati degni di essere abbracciati, non equivale a dire che sul piano pratico essi siano diventati un nostro modo di essere, un vissuto! Possono permanere per anni a livello di traguardo, di ricerca, di desiderio, così come avviene per ogni altra persona che intenda sottrarsi al diffuso conformismo individualista, oppure a livello di luoghi ed atteggiamenti comuni che sono la negazione quotidiana di una vita comunitaria. Se mai la «diversità», non la superiorità dei volontario - rispetto ad altri cittadini che vivono isolatamente le sue stesse idee e preoccupazioni - è *quella di voler dare una traduzione organizzata, programmata, operativa ai valori che apprezza e condivide* perché il servizio e l'aiuto che ne può derivare ai terzi sia il più efficace, incisivo, continuativo possibile.

Infatti il fare comunità sostiene nella lotta, consente il confronto, il dibattito, la reciproca maturazione e correzione, dato che in una società, in cui si esprimono forze economiche ed interessi dominanti, che generano oppressioni, soltanto una efficace traduzione operativa delle idee consente di fronteggiare fenomeni di disgregazione della comunità civile e di avere una propria forza alternativa di contrapposizione.

Il volontario non è un eroe; è un cittadino che convive con grandi aspirazioni, pur nei limiti e debolezze della sua persona. Al più rischia di sentirsi inadeguato e desideroso dell'aiuto di tutti, nella sfida che la storia degli oppressi gli pone innanzi ora e subito.

La promozione dei diritti umani

Non guarderebbe lontano il volontariato *se*, limitandosi a prospettive nazionali di miglioramento della qualità della vita, commettesse due errori. Dimenticare la dimensione, il valore - anche internazionale - del suo impegno per la pace, e quindi la necessità di contribuire alla promozione dei diritti umani dovunque siano in gioco. Tali attività sono da realizzare in collaborazione con tutto il volontariato italiano, ma in modo particolare con le corrispondenti organizzazioni dei paesi in via di sviluppo, nei quali più spesso sono totalmente calpestati. Dimenticare che al di là di una immagine di benessere e di incertezza del diritto, della stessa esistenza di una Costituzione fra le più avanzate, anche in Italia esistono non pochi casi di violazione di questi diritti, come la drammaticità della cronaca più recente ci ha ripetutamente segnalato. Non a caso il movimento di Volontariato Italiano fissa per esempio come obiettivi del suo programma alcuni punti:

• porre attenzione ai diritti primari di libertà e di dignità di tutti i cittadini, non solo dei più deboli, attraverso la partecipazione democratica alla vita del Paese;

• contribuire alla sensibilizzazione dell'opinione pubblica, perché ciascuno possa rendersi garante della piena fruizione di questi diritti, la cui difesa non può essere delegata alle sole istituzioni;

• svolgere un'azione educativa sempre più diffusa per la prevenzione di situazioni in cui questi diritti vengono conculcati: donne sfruttate, minori colpiti da violenza, giovani senza lavoro;

• essere coscienti che soltanto il prevalere di una coerente ed operante etica della solidarietà, può offrirci condizioni di più umana convivenza. Solo in quest'ottica le esigenze dei soggetti esposti a maggior rischio possono trovare soluzioni adeguate. Appare prezioso, per questo lavoro di carattere educativo e di più larga coscientizzazione dell'opinione pubblica, il contributo che possono offrire anche i numerosi movimenti di volontariato italiano che, in collaborazione con il Ministero degli Esteri o in modo autonomo, operano nei paesi in via di sviluppo.

La gratuità

Non basta offrire il proprio intervento per potersi sentire, in coscienza, volontario. Sono le caratteristiche con cui si interviene che rendono apprezzabile e trasparente l'intenzione, ma soprattutto libero chi riceve. Perché di questo si tratta: di garantire l'autonomia presente e futura di chi, attraversando un momento di difficoltà, ha bisogno soltanto per un certo periodo o costantemente di un «compagno di strada».

Nel passato troppe persone hanno offerto una falsa gratuità economica, ma non psicologica. Si è dato aiuto con apparente generosità per ottenere indirettamente l'iscrizione ad un partito, ad un sindacato, ad un patronato, magari la «conversione», l'entrata in un clan, la riconoscenza «eterna» ad una famiglia. In pratica si è dato aiuto per passivizzare una persona, con la scusa di fini magari nobilissimi, ma non certo promozionali della sua dignità e libertà.

In fondo è prevalsa ancora una volta la logica del mercato: «Io dò una cosa a te e tu dai una cosa a me».

Alla *gratuità* occorre perciò unire il *disinteresse*, solo allora si entra nella logica di un vero atto di solidarietà. Il servizio per il servizio senza secondi fini indebiti.

Non sarebbero gratuiti un dono, una disponibilità, una presenza che puntassero anzitutto alla propria *gratificazione*, magari alla ricerca - come obiettivo primario - di un equilibrio psicologico perduto.

Va da sé che un atto gratuito, anche se non capito dal destinatario porti gioia e soddisfazione interiore. Non sarebbe intelligente, anzi masochista voler respingere quanto vi è di autentico, di spontaneo, come conseguenza dell'aver agito da adulti, anche se giovanissimi per età!

Altro è cercare nell'azione gratuita soprattutto se stessi, fingendo di voler essere utili al prossimo.

Gratuità è, infine, il «modo» di dare, di ricevere, di essere vicini: il volontario non è un maestro, né un uomo esemplare, né un superman, né un liberatore, né un salvatore, anche se il destinatario del suo intervento lo pensasse davvero, per troppa gratitudine. Freire ci ricorderebbe invece che «stiamo liberandoci, educandoci, salvandoci insieme» perché solo se fra noi c'è *un rapporto vero, di reciprocità*, l'azione che abbiamo posto in essere è veramente gratuita. Poiché nessuno è senza cultura, nessuno può essere escluso dall'insegnarci qualcosa proprio mentre lo avviciniamo.

La condivisione

Parlando di condivisione occorre guardarsi dalla retorica, per la difficoltà reale, sia psicologica che pratica, di caricarsi pesi da portare in comune. Il volontariato usa il termine a buon diritto; anzitutto per le realizzazioni che ha condotto in tutto il Paese con alcune centinaia di esperienze di accoglienza continuata, fisica e psichica, attraverso una serie di comunità (non di istituti), dove la condivisione di vita, di beni, di conduzione, di lavoro è totale. Queste realtà costituiscono la punta di diamante del volontariato, la traduzione più coerente del termine condivisione. Vocazioni laiche e religiose le hanno progettate, sperimentate, duttilmente modificate fino a farne non solo centri esemplari di solidarietà per la promozione di handicappati, ex carcerati, dimessi dagli ospedali psichiatrici, ragazze madri, minori devianti, tossicodipendenti, ma arrivando a concepirli e realizzarli come punti di animazione, di aggregazione, di servizi per il territorio. L'eccezionalità di questi successi ha fatto conoscere e apprezzare molte di queste comunità di vita e di accoglienza, ben oltre i confini italiani.

Il secondo motivo del valore *condivisione* è legato ai bisogni nuovi e diversi della società post-industriale; attese che viviamo oggi, nel nostro paese pur fra molte contraddizioni sociali ed economiche. Non sono solo esigenze di cose, di mezzi, di strumenti, cioè di beni materiali; ma richieste che riguardano il *senso* della vita, la possibilità di goderla pienamente come persone, come cittadini, come soggetti di diritti, come portatori di umanità.

Bisogni che non sollecitano a dare qualcosa - poco o molto che sia - *ma a rendere disponibile se stessi*; ad avere il coraggio di mettersi in gioco, condividendo le attese di chi guarda con la speranza - quasi sempre dissimulata - che si porga una mano, affrancandoci dall'egoismo personale. Necessità di affetto, di comprensione, di ascolto, di compagnia, di dialogo; di uscire dalla solitudine, dall'impotenza, dall'amarezza, dalla depressione psichica; dalla sensazione della inutilità di un'intera vita; dal fallimento di un matrimonio, dall'angoscia esistenziale; dal desiderio di suicidio, dal dolore e dalla rabbia per malattie giunte allo stato terminale. Prepararsi, disporsi dunque a risposte più complesse di quelle che richiedono le necessità visibili, le «povertà di pane».

Questo tipo di condivisione è la caratteristica esigente, la richiesta più insistente e diffusa da parte della «folla solitaria», che ci circonda.

Per reggere ad un impatto di questo tipo, spesso logorante, è indispensabile una ricca vita associativa.

Basta pensare a chi abbiamo desiderato vicino - al di là dei legami di sangue - nei punti nodali della nostra vita, per recepire con chiarezza l'esigenza di condivisione.

La non violenza e la denuncia

La non violenza è un valore e un metodo di indiscutibile efficacia. Per chi, come il volontario, oggi, attraverso la testimonianza del servizio all'uomo, tenta di essere costruttore di pace nel quotidiano del suo ambiente - come anticipazione di pacificazioni di ben più ampio respiro - la non violenza sta alla base dell'impegno sociale che si è assunto, ma non lo esaurisce. Essa gli dà il diritto-dovere di elevare, se necessario, una denuncia precisa, documentata di ogni tipo di oppressione. Parliamo di dovere, non di possibilità. Non basta infatti che il volontario testimoni solidarietà, deve anche denunciare chi la distrugge e le cause di questa seminagione di violenza. Ciò in nome delle persone che non solo sono discriminate, ma spesso poste nella condizione di non poter pubblicizzare quanto subiscono perché sotto ricatto. Si pensi per esempio, ma non solo, alle vittime della mafia! Naturalmente egli non potrà, il più delle volte, farlo a titolo personale. Non già per paura, ma per l'isolamento a cui verrebbe condannata anche la sua voce. La denuncia deve manifestarsi - secondo la gravità del caso, la documentazione raccolta, il tipo di sofferenza - attraverso la voce dell'associazione, o di più gruppi, di più associazioni che sappiano servirsi di tutti i mezzi di comunicazione disponibili.

La Costituzione stessa, peraltro, consente un'ampia varietà di modi per manifestare dissenso, insoddisfazione, disaccordo, opposizione, richiesta di mutamento.

Il pluralismo

Può sorprendere veder annoverare dal volontariato il pluralismo fra i suoi valori fondamentali.

In una moderna democrazia questo principio sembrerebbe tanto vitale quanto pacifico. Ebbene nella vita reale della comunità italiana, nulla è scontato. Dinanzi a pressioni per costituire «fronti unitari», al rinnovarsi dei processi di lottizzazione o di collateralismi, il volontariato avverte la necessità di una piena indipendenza e della difesa del pluralismo interno. Ciò gli consente di levare con autorità la sua voce contro chiunque e in ogni occasione in cui il pieno godimento dei diritti umani e di cittadinanza venga messo in discussione. Per garantire nella sostanza quest'autonomia il volontariato è convinto che debba manifestarsi nei suoi gruppi un ampio, tollerante, ricco pluralismo, rispettoso delle scelte personali politiche e partitiche verso le quali ciascuno si orienterà.

Ciò costituisce, a suo avviso, la manifestazione di una corretta convivenza alla luce di una raggiunta maturità civile. L'azione gratuita ritiene che costituisca una scuola di democrazia ottenere il consenso di tutti i membri dei suoi gruppi attorno ad un atteggiamento di servizio, esente da motivi di parte e sensibile soltanto alla logica dei bisogni reali manifestati dal territorio.

Soprattutto il suo valido contributo intende creare un clima di pace. Si tratta, secondo Maritain, di *Coesistere col popolo*, con le capacità di cogliere, liberi da schemi mentali, le sue giuste aspettative. Con ciò si guarda, in particolare, alla libertà della parte più debole che si rivolge al volontariato per una ricerca di difesa.

La continuità

La saltuarietà della presenza, la conseguente discontinuità dell'azione, è stata nel passato uno dei punti deboli dell'azione gratuita. Essa ha impedito il nascere di veri e propri «servizi» che, per essere tali, necessitano di un'azione organica, persistente sviluppata secondo una puntuale programmazione.

Se questa necessità è propria dei servizi pubblici, che pur interrompono la erogazione di prestazioni secondo orari precisi e previsti giorni di vacanza (come da contratto sindacale) cosa dire del volontariato, che fra i suoi impegni ha anche quello di far fronte ai vari «vuoti» che si manifestano per gli utenti a seguito della rigidità di funzionamento delle strutture assistenziali?

La continuità è valore prezioso. Perché né un anziano autosufficiente, né un malato di cancro, né un bambino maltrattato, vanno mai in vacanza.Essa richiede:

- una precisa capacità di programmazione, calcolando le risorse reali che abbiamo a disposizione, in persone e mezzi;
- l'impegno personale del volontario a stabilire, secondo coscienza, ed a mantenere con serietà professionale, i tempi di presenza assicurati e gli orari fissati;
- la capacità di comunicarsi l'un l'altro, con attenzione anche ai particolari, i problemi che riguardano le persone che si stanno seguendo, attraverso la collaborazione di più volontari;
- continuità per il gruppo, nel suo insieme, vuol dire portare a buon fine, dopo opportune verifiche, il progetto che ha dato vita al servizio nel corso del suo sviluppo.

La coscienza critica

È certamente una delle caratteristiche del volontariato moderno, su cui occorre fare chiarezza, per la sua specifica potenzialità innovativa.

Appare in questo senso stimolante e di esemplare chiarezza, l'intervento di Giuseppe Pasini, al V Convegno di studi di Lucca dell'ottobre 1988, che qui riportiamo nei passi più significativi:

«- Nel linguaggio corrente il termine "coscienza critica" viene inteso come capacità di avvertire, comprendere, valutare, negli aspetti positivi, i fatti che entrano nella sfera della propria esperienza individuale, o che riguardano il cammino della collettività.

- Coscienza critica è più di un semplice giudizio critico. Essa supera la occasionalità e coinvolge le persone - o il gruppo - nel profondo, le loro scelte di vita, la missione che ritengono di dover svolgere nella società, in vista di obiettivi precisi che normalmente coincidono con il cambiamento .

- Parlare di coscienza critica significa anche far riferimento ad una particolare visione della società - da intendere anche in forma dinamica - fatta propria dalla persona o dal gruppo».

Un riferimento attendibile per il volontariato può essere considerato, per esempio, l'insieme dei principi ispiratori della Costituzione.

Il volontariato, peraltro, per mettersi nell'ottica della coscienza critica, dovrebbe saper leggere le situazioni di povertà e di emarginazione, non solo negli aspetti sintomatici, ma anche nelle loro cause, conoscendo la loro complessità (cause economiche, legislative, carenza di servizi, atteggiamenti sociali discriminanti ecc). In particolare si dovrebbe saper distinguere situazioni risolvibili nell'ambito economico, da situazioni di auto-esclusione e ancora da situazioni legate a quelle che i sociologi qualificano come «subculture» (es.: nomadi, zingari, ecc).

Il volontariato, inoltre, distinguendo i singoli casi dai fenomeni collettivi, dovrebbe saper cogliere quei meccanismi di vario tipo (economici, fiscali, sociali, psicologici, ecc.) che generano e favoriscono l'insorgere di situazioni di povertà e di emarginazione.

La conoscenza critica va poi applicata alle *risposte,* date sia a livello pubblico che a livello privato, a fronte delle domande che vengono dai poveri e dagli emarginati: sono risposte adeguate ai bisogni? Sono risolutive o sono dei palliativi?

E ancora, il volontariato dovrebbe essere molto attento alle scelte politiche che vengono fatte a diversi livelli, nazionale o locale: sono scelte mirate a togliere o a ridurre le diseguaglianze sociali?

«Mi sembra normale - sostiene Pasini - che le grandi forze di volontariato, di fronte all'appuntamento annuale della legge finanziaria, superando le diversità reciproche, trovino il modo di incontrarsi, per esprimere al Governo il loro punto di vista, come portatori degli interessi dei poveri e degli emarginati».

«Ma, analogamente, si dovrebbe essere molto vigili anche a livello di Regioni, Province, Usl, Comuni, Comunità montane, per verificare come vengono costruiti i bilanci, se le somme destinate all'assistenza ed ai servizi sociali vengono spese e come vengono spese. - Altro spazio in cui sviluppare la coscienza critica riguarda la *percezione sociale*, comunitaria della povertà e della emarginazione, e gli atteggiamenti di fronte ad essa: c'è informazione? C'è coscienza di una responsabilità collettiva? Come reagisce la gente di fronte a casi di razzismo o a fenomeni nuovi di povertà quale, per esempio, l'immigrazione del Terzo Mondo?

- Coscienza critica significa anche saper distinguere quello che è risolvibile a livello di volontariato e quello che esige uno sforzo e un intervento politico di altro tipo.

- La richiesta crescente di determinati servizi al volontariato, da parte di amministrazioni locali, talvolta può nascondere la volontà politica di liquidare le situazioni di bisogno con la minore spesa possibile, non importa se a bassa qualità di servizio. Il volontariato deve aver il senso del limite proprio e deve saper cogliere anche le intenzioni del pubblico.

- Infine, considerando l'intervento nel sociale e nel politico come spazi complementari all'intervento diretto di tipo assistenziale, poiché il volontariato di sua natura è operativo e interventista, deve saper capire cosa può fare direttamente e cosa può fare insieme ad altre forze sociali, sindacali, culturali, così da diventare elemento di pressione».

VOLONTARIATO E PUBBLICHE ISTITUZIONI

Principi-base di una intesa

La cultura della solidarietà trova in questo rapporto, fra pubblico e volontariato, la sua «verifica di credibilità». Si tratta infatti di superare congiuntamente una tradizione, un costume, una serie di pregiudizi che hanno reso sino ad oggi impossibile condurre un'efficace lotta organica alla povertà e realizzare la riduzione - per quanto consentito - di ampie sacche di emarginazione. Alcuni milioni di cittadini, che ancora oggi non fruiscono pienamente dei diritti costituzionali, lo provano. Essi costituiscono, con il permanere in condizioni di inferiorità, una silenziosa accusa a questa mancata intesa. Servirebbe perciò a ben poco individuare - in questa sede - le reciproche responsabilità, che affondano le radici nella stessa formazione dello Stato Italiano: molto più produttiva appare ricercare dei nodi culturali e operativi che occorre sciogliere insieme, perché si passi dall'auspicio del mutamento ad una reciproca integrazione che lo realizzi.

L'intesa può basarsi su questi 5 principi:

1) Il volontariato, per poter svolgere il suo lavoro di solidarietà sociale, *ha esigenza che lo Stato*, attuando il dettato costituzionale e le leggi che ne conseguono, *funzioni al meglio*. Liberato così da indebiti ruoli pubblici, che snaturano la sua funzione, e sono quindi accettabili ed utili solo in periodi di grandi emergenze, potrà adempiere ai suoi compiti quotidiani, originali, autonomi e diversi, proiezione dell'impegno di solidarietà della società civile.

2) Il volontariato *non nasce dalla crisi* altrui: dello stato del benessere, dei servizi pubblici, delle risorse, della moralità amministrativa. Il suo fondamento è a livello costituzionale, in quanto realizza una delle dimensioni costitutive della democrazia moderna.

3) Né uno *Stato egemone* nel campo dei servizi alla persona, né un volontariato

separato dalle istituzioni sono in grado di dare una risposta globale, esaustiva ai bisogni del cittadino, data la loro complessità che investe tutte le dimensioni della persona. Occorre allora trovare, nel rispetto delle reciproche autonomie e della evidente diversità dei ruoli, un'intesa programmatica che renda la partecipazione di tutti i cittadini disponibili, facilitata e stimolata da un'adeguata accoglienza.

4) Non si tratta né di *indebolire le conquiste dello Stato sociale*, realizzate con fatica dal mondo del lavoro, né di privatizzare in modo selvaggio ambiti fino ad oggi gestiti dallo Stato e dalle autonomie locali. Occorre piuttosto ridisegnare nel quadro delle riforme in corso, il rapporto fra Stato e privato sociale, con l'abbandono di quei settori di intervento pubblico che appaiono anti-economici, sterili nei risultati sino ad oggi raggiunti, impossibili da attribuire ad un processo burocratico, anonimo e cartolare.

5) L'incontro fra Istituzioni e Volontariato appare fondamentale per raggiungere sia la democratizzazione delle strutture pubbliche decentrate nel Paese, sia la partecipazione motivata dei cittadini alla programmazione che oggi è del tutto assente. Rispetto a questo programma, da parte degli operatori sia pubblici che privati si registra una evidente fragilità culturale ed un'insufficiente esperienza di collaborazione, che invece occorre avviare subito con gradualità, prudenza, duttilità. Esiste - daentrambe le parti - una minoranza qualificata di addetti ai servizi e al volontariato in grado di condurre fin da oggi questa esperienza innovativa.

Condizioni di un organico collegamento

Sarebbe però velleitario pensare che una limpida impostazione teorica possa trasformarsi in conseguenti esperienze di vissuto quotidiano, se non si stabiliscono con altrettanta chiarezza adatte *condizioni* per rendere attuabile ciò che si persegue come obiettivo prioritario.

Le condizioni di un positivo collegamento fra le istituzioni (in modo particolare Comuni-USL-servizi sociali) e volontariato sembrano, alla luce dell'esperienza di quest'ultimo quinquennio, essere diverse:

1) Rispettare le reciproche autonomie

Il volontariato non può e non deve offrire alibi a compiti istituzionali, che risultano affidati dalla legislazione al «pubblico» ma che non vengono assolti. Indebolirebbe, altrimenti, quello stato sociale che a parole dichiara di voler sostenere. Le associazioni non possono essere usate, d'altra parte, come prosecuzione passiva dei servizi pubblici, o per ripianare bilanci in difficoltà o peggio come manodopera senza prezzo. Né i volontari possono venire adibiti a tamponare organici carenti!

Il giusto controllo di quanto operato dalle associazioni deve riguardare in ogni caso il tipo di servizio offerto, la soddisfazione qualitativa degli utenti, il rispetto delle eventuali convenzioni stipulate, non certo la loro vita interna!

2) Collaborare, non eseguire

Una reale collaborazione si caratterizza infatti con l'elaborazione in comune dei piani di intervento, fermo restando che, dopo la consultazione reciproca, spetta alle istituzioni la scelta di programma e delle conseguenti politiche sociali. Può avvenire che non si concordi completamente sul da farsi, che si mantenga perciò una posizione dialettica, anche in base ai ruoli diversi che le controparti hanno, ma ciò non deve mettere in gioco la tensione, la scelta di fondo volta a trovare sinergia e confluenza di obiettivi ogni volta che sia possibile!

3) Ottenere garanzie per l'autopromozione

Non sono i politici o gli amministratori illuminati che consentono la vita dei gruppi o riconoscono la loro validità, per il servizio che rendono alla comunità civile. La loro legittimazione è nella Costituzione italiana. Le istituzioni non adempiono, perciò, correttamente e compiutamente la loro funzione di servizio alla comunità quando ostacolano o non creano le condizioni per l'autopromozione e la crescita dell'azione gratuità; per lo sviluppo, cioè, di un'azione disinteressata, apartitica, pluriconfessionale, posta in opera da cittadini che si associano liberamente per garantire alcuni servizi a persone in difficoltà.

4) Lavorare con pari dignità

La collaborazione non può nascere da circolari amministrative ma piuttosto dalla convinzione che nel lavoro - che si esplica con comuni finalità sociali - è altrettanto indispensabile sia il contributo del professionista (medico, psicologo, assistente sociale, educatore) sia quello del volontario. Egli nella maggior parte dei casi non è un professionista in quel determinato settore. Si tratta piuttosto di una persona che, attraverso corsi organizzati in genere dal movimento a cui appartiene, ha raggiunto un'indispensabile «qualificazione di base», preparazione che gli consente di integrarsi con l'operatore pubblico nell'opera di sostegno del cittadino che attraversa un periodo esistenziale complesso.

5) Qualificarsi reciprocamente

Nessuno può illudersi che possa nascere da atti di reciproca buona volontà una strategia di costruttiva collaborazione fra chi opera nelle strutture dello Stato e delle autonomie locali (politici, amministratori, tecnici, ecc.) e che agisce, per propria scelta, nel reticolo di solidarietà promosso da quei corpi intermedi e realtà sociali che la Costituzione prevede e garantisce. È piuttosto vero che, salvo per un numero qualificato ma limitato di protagonisti dall'una e dall'altra parte, manca una cultura di base, una formazione mentale, una tradizione di rapporti, una reciproca fiducia che consentano oggi di pensare subito ad un positivo incontro generalizzato fra le due parti. Incontro tanto più difficile quanto più è carente negli uni il senso dello Stato, negli altri una concezione del lavoro sociale come servizio esplicato in presenza dei diritti basilari della cittadinanza.

Dobbiamo allora prender atto della difficile situazione. Non limitandosi né a descriverla, né a fotografarla, né tanto meno a demonizzarla, come insuperabile. Si tratta piuttosto di rendersi conto che l'impegno a favore dell'autopromozione dei cittadini - appartenenti alle classi più carenti di tutela statale e privata - *è condizionato dallo sviluppo o meno dell'impegno formativo*, da parte delle istituzioni e del volontariato.

I compiti del volontariato rispetto alle istituzioni

Vediamo ora rapidamente quali sono i compiti del volontariato rispetto alle istituzioni:

- *anticipazione*. La società individua con anticipo, attraverso la percezione dei suoi membri più sensibili, i nuovi fenomeni di disgregazione che la colpiscono e ne mettono in pericolo la quotidianità, la convivenza, la qualità dei rapporti interpersonali, ecc. Genera, allora, dal suo interno delle «antitossine», nel nostro caso i gruppi di volontariato; essi studiano e pongono in essere delle difese, inventando modi nuovi di affrontare problemi ancora allo stato nascente o molto più spesso fenomeni ormai socialmente diffusi che necessitano di analisi, di lettura politica, di iniziativa sperimentale. Questa anticipazione della società rispetto allo Stato è un dato storicamente provato e pienamente comprensibile. Si pensi all'obiezione di coscienza, alla droga, alla riforma carceraria, all'AIDS, alla difesa dell'ambiente, dei beni culturali ecc.

Alcune situazioni privilegiate in cui si muove il volontariato consentono questo lavoro di «anticipo", prezioso al legislatore e all'esecutivo, per prendere - a tempo debito - decisioni ponderate in ogni campo del sociale.

Tali situazioni sono: la libertà da procedure vincolanti, la forte motivazione etica che lo anima, la duttilità nell'adattarsi alle situazioni, la tempestività degli interventi, l'immersione nella realtà popolare. Il volontariato, adeguatamente preparato, costituisce così una specie di «radar» in grado di non far sorprendere le pubbliche strutture dinanzi ai mutamenti che l'evoluzione del costume, dei consumi, del mercato, del lavoro, generano quasi costantemente;

- *stimolo*. Appare auspicabile la dialettica costruttiva, che nasce dal confronto e dalla collaborazione fra professionisti, fra il rappresentante delle istituzioni e quello degli utenti. D'altra parte la messa in comune delle informazioni, la scoperta di nuove necessità, la costante insufficienza di risorse, di mezzi, le discussioni sulle priorità degli interventi, le esigenze della programmazione e della verifica, la comprensione dei reciproci limiti, costituiscono concreti elementi per stimolare sia le singole persone sia i servizi nel loro complesso. Sono sollecitazioni ad adempiere le finalità istituzionali loro delegate, da cui dipende l'efficienza delle strutture alle quali sovraintendono; si evita così che la monotonia ripetitiva dei servizi giornalieri spenga quella «tensione all'accoglienza», che costituisce l'animazione e la vitalità delle erogazioni e dello stesso ruolo dell'operatore;

- *umanizzazione*. Non già nel senso cha il volontariato sia l'unico portatore del fattore umano nei servizi, a fronte di professionisti demotivati, privi di una ricca deontologia, quasi automi anonimi, freddi delegati di meccanismi sociali. Sarebbe davvero illusorio immaginare un mutamento in favore dell'umanizzazione e della personalizzazione dei servizi, provocata solo «dal di fuori», se questi valori espressi dal volontariato non si estendessero al modo di pensare ed agire del maggior numero possibile di pubblici dipendenti. In ospedale non si umanizza soltanto perché arriva un gruppo di volontari, carichi di utopia e impegnati in un generoso lavoro, ma soltanto se tutti i dipendenti - a partire dai primari - si ripropongono il problema di un diverso affronto del dolore altrui. È appunto uno dei ruoli primari del volontariato il promuovere questo contagio ambientale, la circolazione di principi etici che facciano mutare il rapporto, le relazioni umane, lo stile di recezione del destinatario dell'intervento;

- *capillarizzazione*. Gli organici dei servizi sociali, spesso scoperti o carenti; il moltiplicarsi delle richieste di presenza - da parte di cittadini - alle strutture già di per sé deboli; il decentramento logistico delle persone sul territorio; sono questi i fattori che spingono a guardare al volontariato come ad una preziosa occasione per poter capillarizzare - mediante la sua integrazione di forze - gli interventi pubblici di sostegno specie se rivolti alle persone non autosuffcienti. Attività solidali nel pomeriggio quando buona parte degli uffici comunali sono chiusi e le esigenze dei soggetti hanno difficoltà ad essere tempestivamente accolte. Le esperienze fatte al riguardo, studiando una programmazione unitaria, accurata di visite, di colloqui, di trasporti, ben distribuiti nella giornata, hanno permesso spesso di raddoppiare la presenza periferica e di evitare i «doppioni», per sovrapposizione di iniziative non collegate. Si tratta di un'opera di integrazione fra tutte le risorse umane disponibili da parte di Stato e società; così evitando sprechi, si moltiplicano i servizi, si dà prova di una conoscenza dettagliata del territorio e delle sue possibilità di reazione alle emergenze del quotidiano;

- *dare voce a chi non ne ha*. Si attua questa funzione esprimendo con coraggio il pensiero dei destinatari degli interventi pubblici, che spesso debbono limitarsi ad accettare in silenzio quello che viene loro offerto. Questo avviene, per esempio, quando gli anziani non possono affrontare un difficile trasporto dalla loro abitazione alle sedi dei servizi sociali, non sono in grado di esprimersi con chiarezza, temono che i loro rilievi facciano cessare le prestazioni, irritino gli operatori rispetto ai quali si sentono indifesi.

Il volontario può essere un ottimo mediatore, di fronte a questa diffusa mancanza di dialogo, o ad un persistente atteggiamento reattivo e critico dell'utente, talvolta ingiustamente distruttivo verso qualsiasi iniziativa dello Stato. Dopo aver esaurito le vie della mediazione e aver stimolato inutilmente gli addetti agli adempimenti, può *protestare con chiarezza* per il non funzionamento o il cattivo funzionamento di tutto l'apparato o del singolo ufficio, sensibilizzando così l'opinione pubblica. Verrebbe altrimenti meno alla sua *dimensione politica* di impegno nella rimozione delle cause; si appiattirebbe nella routine quotidiana diventando complice del pubblico; rinnegherebbe la funzione di tutore dei diritti umani e di cittadinanza nel territorio, ponendosi in una inaccettabile situazione di ambiguità.

- *progettualità*. L'attività del volontariato non si esaurirà solo nei servizi se si trarranno conseguenze operative sul piano di una nuova progettualità da una critica e corretta osservazione delle prestazioni assicurate agli utenti; dall'esame del modo con il quale vengono erogate; dall'ascolto della gente che le riceve; dalla registrazione dei disservizi che avvengono; dall'insoddisfazione che essi provocano nell'opinione pubblica; dall'eventuale mancanza di collaborazione fra Istituzioni e privato sociale nell'area territoriale; dall'osservanza dei bisogni rimasti senza risposta.

Si possono così offrire suggerimenti innovativi, sia al pubblico che ai gruppi per sperimentare soluzioni alternative. In questa ricerca, di un continuo affinamento dei servizi, quanto ai contenuti, al modo di erogarli, di metodi e tecniche per verificarne l'aderenza al bisogno, occorre un attento ascolto dei destinatari, in modo che progettualità e imprenditorialità si basino sulla esperienza nata dal loro vissuto, evitando così di ricorrere ai soliti modelli teorici.

- *informazione*. Non deve affatto sorprendere che sia spesso il volontariato a fornire informazioni agli amministratori, ai politici locali, persino agli operatori professionisti. Anche in questo campo esiste una preziosa condizione di reciprocità. Infatti il rapporto che il volontario ha con la persona che sta seguendo, libero da ogni vincolo gerarchico, spontaneo e amichevole, consente un passaggio di informazioni, non tanto personali quanto sul territorio, che in via ordinaria un professionista non riceve; ciò per l'inevitabile cortina che scende fra funzionario e cittadino, anche nei casi non insoliti di buoni rapporti e di reciproca fiducia. Informazioni che, opportunamente vagliate, possono aiutarci a capire le dinamiche di gruppo, di quartiere, di istituto, che si sviluppano nelle aree di povertà; gli stati di tensione o di rifiuto rispetto all'intervento pubblico, le attese che non sono state chiaramente espresse. Questa trasmissione puntuale di informazioni ai servizi, appare fondamentale perché sia modificato tutto quanto è possibile e giusto ripensare.

Il più delle volte è una mancanza di comunicazione in *andata*, cioè dall'istituzione all'ambiente, o una insufficiente chiarezza nella medesima, che genera equivoci di *ritorno*.

Infine il volontariato potrà essere base di ulteriori informazioni, raccolte direttamente alla fonte dei servizi, e tradotte con semplicità alle persone, ogni volta che il pubblico - per sua incapacità - non facesse circolare le notizie necessarie.

Luciano Tavazza
Segretario Generale Fivol